D0678117

Nouvelles
à chute

Présentation, notes, questions et après-texte établis par

NATHALIE LEBAILLY

MATTHIEU GAMARD
professeurs de Lettres

MAGNARD

Sommaire

Après-texte

L'ART DE LA CHUTE

Dans l'esprit de bon nombre de lecteurs, une nouvelle se définit par la notion même de chute. Or, il faut bien se rendre à l'évidence : souvent les nouvelles ne comportent pas d'effet de chute particulier. Dès le XVIIᵉ siècle, le mot « chute » dénomme en rhétorique la fin de la période[1]. En littérature, le mot désigne dorénavant la fin *inattendue* d'une histoire. C'est ce sens que nous avons sollicité pour le titre de ce présent recueil puisque chacune des nouvelles qui le constituent offre aux lecteurs une fin surprenante.

Anna Gavalda est née en 1970. C'est une romancière française que le public a récemment découverte grâce à son recueil de nouvelles *Je voudrais que quelqu'un m'attende quelque part* (1999) qui a obtenu le Grand Prix RTL-Lire. Ce recueil a connu un vif succès et figure toujours dans le classement des meilleures ventes. L'anecdote veut qu'elle ait écrit sa première nouvelle dans une salle d'examens alors qu'elle était en train d'échouer au concours de Sciences-Po. La nouvelle *Happy Meal* est extraite d'un recueil de nouvelles publié en partenariat par Pocket et le Secours populaire français, dont les bénéfices ont servi à financer une série d'actions contre l'illettrisme (2000).

---

1. Longue phrase dont les éléments s'enchaînent harmonieusement.

Présentation

Dino Buzzati (1906-1972) est l'un des maîtres de la nouvelle italienne. Après des études de droit, il s'adonne à la littérature et à la peinture tout en exerçant le métier de journaliste au *Corriere della sera* dès 1928. Ses deux recueils les plus célèbres sont *Le K* (1966) dont est extrait *Pauvre petit garçon !* et *Le Rêve de l'escalier* (1971).

Julio Cortázar (1914-1984) est un écrivain argentin qui a marqué la génération latino-américaine des années 60. Engagé politiquement, il a vécu en France à partir de 1952 et fut naturalisé français en 1981 par François Mitterrand. Il a écrit de nombreux contes et nouvelles dont *Continuité des parcs*, extrait des *Armes secrètes*.

Claude Bourgeyx (1943) vit et travaille à Bordeaux. Son recueil de nouvelles *Le Fil à retordre*, publié chez Nathan, a obtenu le Grand Prix Jeunesse de la Société des gens de Lettres. C'est un auteur à qui il arrive d'aller dans les établissements scolaires pour animer des ateliers d'écriture avec les élèves. C'est aussi un auteur de théâtre dont les œuvres sont régulièrement jouées en France.

Fred Kassak, de son vrai nom Pierre Humblot, est né à Paris en 1928. Adepte du roman humoristique, il passe pour maître dans l'art de la chute. Il se consacre désormais au cinéma, à la télévision et à la radio. Michel Audiard a adapté librement deux de ses romans (*Bonne vie et meurtres* et *Voulez-vous tuer avec moi ?*) pour le cinéma sous les titres suivants : *Elle boit pas, elle fume pas, elle drague pas, mais… elle cause !* en 1969 et *Comment réussir quand on est con et pleurnichard* en 1973.

Pascal Mérigeau (1953), connu pour ses critiques cinématographiques dans *Le Monde* et pour certaines de ses contributions au magazine de cinéma *Première*, a publié *Quand Angèle fut seule…* dans la revue *Polar*.

Nouvelles
à chute

Anna Gavalda
Happy Meal

Cette fille, je l'aime. J'ai envie de lui faire plaisir. J'ai envie de l'inviter à déjeuner. Une grande brasserie avec des miroirs et des nappes en tissu. M'asseoir près d'elle, regarder son profil, regarder les gens tout autour et tout laisser refroidir. Je l'aime.

5 « D'accord, me dit-elle, mais on va au McDonald. » Elle n'attend pas que je bougonne. « Ça fait si longtemps... ajoute-t-elle en posant son livre près d'elle, si longtemps... »

Elle exagère, ça fait moins de deux mois. Je sais compter.

Mais bon. Cette jeune personne aime les nuggets et la sauce 10 barbecue, qu'y puis-je ?

Si on reste ensemble assez longtemps, je lui apprendrai autre chose. Je lui apprendrai la sauce gribiche et les crêpes Suzette[1] par exemple. Si on reste ensemble assez longtemps, je lui apprendrai que les garçons des grandes brasseries n'ont pas le 15 droit de toucher nos serviettes, qu'ils les font glisser en soulevant la première assiette. Elle sera bien étonnée.

Il y a tellement de choses que je voudrais lui montrer... Tellement de choses. Mais je ne dis rien. Je prends mon pardessus en silence. Je sais comment sont les filles avec l'avenir : 20 juste prometteuses. Je préfère l'emmener dans ce putain de McDo et la rendre heureuse un jour après l'autre.

Dans la rue, je la complimente sur ses chaussures. Elle s'en offusque : « Ne me dis pas que tu ne les avais jamais vues, je les ai depuis Noël ! » Je pique du nez, elle me sourit, alors je la

---

1. Vinaigrette composée d'un hachis d'œuf dur, de cornichons, de câpres et de fines herbes et de crêpes flambées au jus d'orange et au Grand Marnier.

25 complimente sur ses chaussettes. Elle me dit que je suis bête. Tu penses si je le savais. C'est la plus jolie fille de la rue.

J'éprouve un haut-le-cœur en poussant la porte. D'une fois sur l'autre, j'oublie à quel point je hais les McDonald. Cette odeur : graillon, laideur et vulgarité mélangés. Pourquoi les ser-
30 veuses se laissent-elles ainsi enlaidir? Pourquoi porter cette visière insensée? Pourquoi les gens font-ils la queue? Pourquoi cette musique d'ambiance? Et pour quelle ambiance? Je tré-pigne[1], les gens devant nous sont en survêtement. Les femmes sont laides et les hommes sont gros. J'ai déjà du mal avec
35 l'humanité, je ne devrais pas venir dans ce genre d'endroit. Je me tiens droit et regarde loin devant, le plus loin possible : le prix du menu best-of McDeluxe. Elle le sent, elle sent ces choses. Elle prend ma main et la presse doucement. Elle ne me regarde pas. Je me sens mieux. Son petit doigt caresse l'intérieur
40 de ma paume et mon cœur fait zigzague.

Elle change d'avis plusieurs fois. Comme dessert, elle hésite entre un milkshake ou un sundae caramel. Elle retrousse son mignon petit nez et tortille une mèche de cheveux. La serveuse est fatiguée et moi, je suis ému. Je porte nos deux plateaux. Elle
45 se tourne vers moi :

– Tu préfères le coin fumeur, j'imagine?

Je hausse les épaules.

– Si. Tu préfères. Je le sais bien.

Elle m'ouvre la voie. Ceux qui sont mal assis raclent leur

---

1. Enrage.

50 chaise à son passage. Des visages se tournent. Elle ne les voit pas. Impalpable dédain de celles qui se savent belles. Elle cherche un petit coin où nous serons bien tous les deux. Elle a trouvé, me sourit encore, je ferme les yeux en signe d'acquiescement[1]. Je pose notre pitance[2] sur une table dégueulasse. Elle
55 défait lentement son écharpe, dodeline[3] trois fois de la tête avant de laisser voir son cou gracile[4]. Je reste debout comme un grand nigaud.

– Je te regarde.

– Tu me regarderas plus tard. Ça va être froid.

60 – Tu as raison.

– J'ai toujours raison.

– Presque toujours.

Petite grimace.

J'allonge mes jambes dans l'allée. Je ne sais pas par quoi com-
65 mencer. J'ai déjà envie de fumer. Je n'aime rien de tous ces machins emballés. Un garçon au crâne rasé est interpellé par deux braillards, je replie mes jambes pour laisser passer ce morveux.

J'ai un moment de doute. Que fais-je ici ? Avec mon
70 immense amour et ma pochette turquoise. J'ai ce réflexe imbécile de chercher un couteau et une fourchette. Elle me dit :

– Tu n'es pas heureux ?

1. Pour montrer que j'accepte (ce petit coin).
2. Nourriture (péjoratif).
3. Balance doucement la tête.
4. Mince.

– Si, si.

– Alors mange !

[75] Je m'exécute[1]. Elle ouvre délicatement sa boîte de nuggets comme s'il s'était agi d'un coffret à bijoux. Je regarde ses mains. Elle a mis du vernis violet nacré sur ses ongles. Couleur aile de libellule. Je dis ça, je n'y connais rien en couleur de vernis, mais il se trouve qu'elle a deux petites libellules dans les cheveux. [80] Minuscules barrettes inutiles qui n'arrivent pas à retenir quelques mèches blondes. Je suis ému. Je sais, je radote[2], mais je ne peux m'empêcher de penser : « Est-ce pour moi, en pensant à ce déjeuner, qu'elle s'est fait les ongles ce matin ? »

Je l'imagine, concentrée dans la salle de bains, rêvant déjà à [85] son sundae caramel... Et à moi, un petit peu, fatalement.

Elle trempe ses morceaux de poulet décongelés dans leur sauce chimique. Elle se régale.

– Tu aimes *vraiment* ça ?

– Vraiment.

[90] – Mais pourquoi ?

Sourire triomphal.

– Parce que c'est bon.

Elle me fait sentir que je suis un ringard, ça se voit dans ses yeux. Mais du moins le fait-elle tendrement. Pourvu que ça [95] dure, sa tendresse. Pourvu que ça dure.

Je l'accompagne donc. Je mastique et déglutis[3] à son rythme.

---

1. J'obéis.
2. Me répète.
3. Avale.

Elle ne me parle pas beaucoup mais j'ai l'habitude, elle ne me parle jamais beaucoup quand je l'emmène déjeuner : elle est bien trop occupée à regarder les tables voisines. Les gens la fas-
100 cinent, c'est comme ça. Même cet énergumène[1] qui s'essuie la bouche et se mouche dans la même serviette juste à côté a plus d'attrait que moi.

Comme elle les observe, j'en profite pour la dévisager tranquillement. Qu'est-ce que j'aime le plus chez elle ? En numéro
105 un, je mettrais ses sourcils. Elle a de très jolis sourcils. Très bien dessinés. Le bon Dieu devait être inspiré ce jour-là. En numéro deux, ses lobes d'oreilles. Parfaits. Ses oreilles ne sont pas percées. J'espère qu'elle n'aura jamais cette idée saugrenue[2]. Je l'en empêcherai. En numéro trois, quelque chose de très délicat à
110 décrire... En numéro trois, j'aime son nez ou, plus exactement, les ailes de son nez. Ces deux petites courbes de chaque côté, délicates et frémissantes. Roses. Douces. Adorables. En numéro quatre...

Mais déjà le charme est rompu : elle a senti que je la regar-
115 dais et minaude[3] en pinçant sa paille. Je me détourne. Je cherche mon paquet de tabac en tâtant toutes mes poches.

– Tu l'as mis dans ta veste.

– Merci.

– Qu'est-ce que tu ferais sans moi, hein ?
120 – Rien.

---

1. Individu (péjoratif).
2. Étrange.
3. Fait des manières dans le but de séduire.

Je lui souris en me roulant une cigarette.

– ... mais je ne serais pas obligé d'aller au McDo le samedi après-midi.

Elle s'en fiche de ce que je viens de dire. Elle attaque son sundae. Du bout de sa cuillère, elle commence par manger tous les petits éclats de cacahuètes et puis tout le caramel. Elle le repousse ensuite au milieu de son plateau.

– Tu ne le finis pas ?

– Non. En fait, je n'aime pas les sundae. Ce que j'aime, c'est juste les bouts de cacahuètes et le caramel mais la glace, ça m'écœure...

– Tu veux que je leur demande de t'en remettre ?

– De quoi ?

– Eh bien des cacahuètes et du caramel...

– Ils ne voudront jamais.

– Pourquoi ?

– Parce que je le sais. Ils ne veulent pas.

– Laisse-moi faire...

Je me lève en prenant son petit pot de crème glacée et me dirige vers les caisses. Je lui fais un clin d'œil. Elle me regarde amusée. Je balise un peu. Je suis son preux[1] chevalier investi d'une mission[2] impossible. Discrètement, je demande à la dame un nouveau sundae. C'est plus simple. C'est plus sûr. Je suis un preux chevalier prévoyant.

---

1. Valeureux, courageux.
2. À qui l'on a confié une mission.

145 Elle recommence son travail de fourmi. J'aime sa gourmandise. J'aime ses manières. Comment est-ce possible ? Tant de grâce. Comment est-ce possible ?

Je réfléchis à ce que nous allons faire ensuite... Où vais-je l'emmener ? Que vais-je faire d'elle ? Me donnera-t-elle sa main,
150 tout à l'heure, quand nous serons de nouveau dans la rue ? Reprendra-t-elle son charmant pépiement[1] là où elle l'avait laissé en entrant ? Où en était-elle d'ailleurs ?... Je crois qu'elle me parlait des vacances... Où irons-nous en vacances cet été ?... Mon Dieu ma chérie, mais je ne le sais pas moi-même... Te
155 rendre heureuse un jour après l'autre, je peux essayer, mais me demander ce que nous ferons dans six mois... Comme tu y vas... Il faut donc que je trouve un sujet de conversation en plus d'une destination de promenade. Preux, prévoyant et inspiré.

Les bouquinistes peut-être... Elle va râler... « Encore ! » Non,
160 elle ne va pas râler. Elle aussi aime me faire plaisir. Et puis, pour sa main, elle me la donnera, je le sais bien.

Elle plie sa serviette en deux avant de s'essuyer la bouche. En se levant, elle lisse sa jupe et réajuste le col de son chemisier. Elle prend son sac et me désigne du regard l'endroit où je dois repo-
165 ser nos plateaux.

Je lui tiens la porte. Le froid nous surprend. Elle refait le

---

1. Chant des oiseaux.

nœud de son écharpe et sort ses cheveux de dessous son manteau. Elle se tourne vers moi. Je me suis trompé, elle ne me donnera pas sa main puisque c'est mon bras qu'elle prend.

170   Cette fille, je l'aime. C'est la mienne.
Elle s'appelle Valentine et n'a pas sept ans.

Tours (bientôt)

Dino Buzzati
Pauvre petit garçon !

Comme d'habitude, Mme Klara emmena son petit garçon, cinq ans, au jardin public, au bord du fleuve. Il était environ trois heures. La saison n'était ni belle ni mauvaise, le soleil jouait à cache-cache et le vent soufflait de temps à autre, porté par le fleuve.

On ne pouvait pas dire non plus de cet enfant qu'il était beau, au contraire, il était plutôt pitoyable même, maigrichon, souffreteux[1], blafard[2], presque vert, au point que ses camarades de jeu, pour se moquer de lui, l'appelaient Laitue. Mais d'habitude les enfants au teint pâle ont en compensation d'immenses yeux noirs qui illuminent leur visage exsangue[3] et lui donnent une expression pathétique[4]. Ce n'était pas le cas de Dolfi ; il avait de petits yeux insignifiants qui vous regardaient sans aucune personnalité.

Ce jour-là, le bambin surnommé Laitue avait un fusil tout neuf qui tirait même de petites cartouches, inoffensives bien sûr, mais c'était quand même un fusil ! Il ne se mit pas à jouer avec les autres enfants car d'ordinaire ils le tracassaient[5], alors il préférait rester tout seul dans son coin, même sans jouer. Parce que les animaux qui ignorent la souffrance de la solitude sont capables de s'amuser tout seuls, mais l'homme au contraire n'y arrive pas et s'il tente de le faire, bien vite une angoisse encore plus forte s'empare de lui.

---

1. Un peu malade.
2. Pâle.
3. Très pâle.
4. Qui inspire une certaine pitié.
5. L'embêtaient.

Pourtant quand les autres gamins passaient devant lui, Dolfi
25 épaulait son fusil et faisait semblant de tirer, mais sans animosité, c'était plutôt une invitation, comme s'il avait voulu leur
dire :

« Tiens tu vois, moi aussi aujourd'hui j'ai un fusil. Pourquoi
est-ce que vous ne me demandez pas de jouer avec vous ? »
30 Les autres enfants éparpillés dans l'allée remarquèrent bien le
nouveau fusil de Dolfi. C'était un jouet de quatre sous, mais il
était flambant neuf, et puis il était différent des leurs et cela suffisait pour susciter leur curiosité et leur envie. L'un d'eux dit :

« Hé ! vous autres ! vous avez vu la Laitue, le fusil qu'il a
35 aujourd'hui ? »

Un autre dit :

« La Laitue a apporté son fusil seulement pour nous le faire
voir et nous faire bisquer[1] mais il ne jouera pas avec nous.
D'ailleurs il ne sait même pas jouer tout seul. La Laitue est un
40 cochon. Et puis son fusil, c'est de la camelote[2] !

– Il ne joue pas parce qu'il a peur de nous, dit un troisième. »

Et celui qui avait parlé avant :

« Peut-être, mais n'empêche que c'est un dégoûtant ! »

Mme Klara était assise sur un banc, occupée à tricoter, et le
45 soleil la nimbait d'un halo[3]. Son petit garçon était assis, bête-
ment désœuvré[4], à côté d'elle, il n'osait pas se risquer dans

1. Rendre jaloux.
2. Objet de peu de valeur.
3. L'entourait d'une auréole de lumière.
4. Inoccupé.

l'allée avec son fusil et il le manipulait avec maladresse. Il était
environ trois heures et dans les arbres de nombreux oiseaux
inconnus faisaient un tapage invraisemblable, signe peut-être
50 que le crépuscule approchait.

« Allons, Dolfi, va jouer, l'encourageait Mme Klara, sans
lever les yeux de son travail.

– Jouer avec qui ?

– Mais avec les autres petits garçons, voyons ! vous êtes tous
55 amis, non ?

– Non, on n'est pas amis, disait Dolfi. Quand je vais jouer ils
se moquent de moi.

– Tu dis cela parce qu'ils t'appellent Laitue ?

– Je veux pas qu'ils m'appellent Laitue !

60 – Pourtant moi je trouve que c'est un joli nom. À ta place, je
ne me fâcherais pas pour si peu. »

Mais lui, obstiné :

« Je veux pas qu'on m'appelle Laitue ! »

Les autres enfants jouaient habituellement à la guerre et ce
65 jour-là aussi. Dolfi avait tenté une fois de se joindre à eux, mais
aussitôt ils l'avaient appelé Laitue et s'étaient mis à rire. Ils
étaient presque tous blonds, lui au contraire était brun, avec
une petite mèche qui lui tombait sur le front en virgule. Les
autres avaient de bonnes grosses jambes, lui au contraire avait
70 de vraies flûtes maigres et grêles. Les autres couraient et sau-
taient comme des lapins, lui, avec sa meilleure volonté, ne
réussissait pas à les suivre. Ils avaient des fusils, des sabres,
des frondes, des arcs, des sarbacanes, des casques. Le fils de

l'ingénieur Weiss avait même une cuirasse brillante comme
75 celle des hussards[1]. Les autres, qui avaient pourtant le même
âge que lui, connaissaient une quantité de gros mots très éner-
giques et il n'osait pas les répéter. Ils étaient forts et lui faible.

Mais cette fois lui aussi était venu avec un fusil.

C'est alors qu'après avoir tenu conciliabule[2] les autres gar-
80 çons s'approchèrent :

« Tu as un beau fusil, dit Max, le fils de l'ingénieur Weiss.
Fais voir. »

Dolfi sans le lâcher laissa l'autre l'examiner.

« Pas mal », reconnut Max avec l'autorité d'un expert.

85 Il portait en bandoulière une carabine à air comprimé qui
coûtait au moins vingt fois plus que le fusil. Dolfi en fut très
flatté.

« Avec ce fusil, toi aussi tu peux faire la guerre, dit Walter en
baissant les paupières avec condescendance.

90 – Mais oui, avec ce fusil, tu peux être capitaine » dit un
troisième.

Et Dolfi les regardait émerveillé. Ils ne l'avaient pas encore
appelé Laitue. Il commença à s'enhardir.

Alors ils lui expliquèrent comment ils allaient faire la guerre
95 ce jour-là. Il y avait l'armée du général Max qui occupait la
montagne et il y avait l'armée du général Walter qui tenterait
de forcer le passage. Les montagnes étaient en réalité deux talus

---

1. Soldats de la cavalerie légère.
2. S'être réunis pour prendre une décision.

herbeux couverts de buissons ; et le passage était constitué par
une petite allée en pente. Dolfi fut affecté[1] à l'armée de Walter
100 avec le grade de capitaine. Et puis les deux formations se séparèrent, chacune allant préparer en secret ses propres plans de
bataille.

Pour la première fois, Dolfi se vit prendre au sérieux par les
autres garçons. Walter lui confia une mission de grande res-
105 ponsabilité : il commanderait l'avant-garde[2]. Ils lui donnèrent
comme escorte[3] deux bambins à l'air sournois[4] armés de
fronde et ils l'expédièrent en tête de l'armée, avec l'ordre de
sonder le passage. Walter et les autres lui souriaient avec gen-
tillesse. D'une façon presque excessive.

110 Alors Dolfi se dirigea vers la petite allée qui descendait en
pente raide. Des deux côtés, les rives herbeuses avec leurs buissons. Il était clair que les ennemis, commandés par Max,
avaient dû tendre une embuscade[5] en se cachant derrière les
arbres. Mais on n'apercevait rien de suspect.

115 « Hé ! capitaine Dolfi, pars immédiatement à l'attaque, les
autres n'ont sûrement pas encore eu le temps d'arriver, ordonna
Walter sur un ton confidentiel. Aussitôt que tu es arrivé en bas,
nous accourons et nous y soutenons leur assaut. Mais toi,
cours, cours le plus vite que tu peux, on ne sait jamais... »

---

1. Envoyé.
2. Soldats placés en avant pour assurer la protection des suivants.
3. Protection.
4. Qui agissent de façon hypocrite.
5. Piège.

120 Dolfi se retourna pour le regarder. Il remarqua que tant Walter que ses autres compagnons d'armes avaient un étrange sourire. Il eut un instant d'hésitation.

« Qu'est-ce qu'il y a ? demanda-t-il.

– Allons, capitaine, à l'attaque ! » intima[1] le général.

125 Au même moment, de l'autre côté du fleuve invisible, passa une fanfare militaire. Les palpitations émouvantes de la trompette pénétrèrent comme un flot de vie dans le cœur de Dolfi qui serra fièrement son ridicule petit fusil et se sentit appelé par la gloire.

130 « À l'attaque, les enfants ! » cria-t-il, comme il n'aurait jamais eu le courage de le faire dans des conditions normales.

Et il se jeta en courant dans la petite allée en pente.

Au même moment un éclat de rire sauvage éclata derrière lui. Mais il n'eut pas le temps de se retourner. Il était déjà lancé et 135 d'un seul coup, il sentit son pied retenu. À dix centimètres du sol, ils avaient tendu une ficelle.

⟶ Il s'étala de tout son long par terre, se cognant douloureusement le nez. Le fusil lui échappa des mains. Un tumulte de cris et de coups se mêla aux échos ardents[2] de la fanfare. Il essaya de 140 se relever mais les ennemis débouchèrent des buissons et le bombardèrent de terrifiantes balles d'argile pétrie avec de l'eau. Un de ces projectiles le frappa en plein sur l'oreille le faisant trébucher de nouveau. Alors ils sautèrent tous sur lui et le piétinèrent. Même Walter, son général, même ses compagnons d'armes !

---

1. Ordonna.
2. Bruyants.

145   « Tiens ! attrape, capitaine Laitue. »

Enfin il sentit que les autres s'enfuyaient, le son héroïque de la fanfare s'estompait[1] au-delà du fleuve. Secoué par des sanglots désespérés il chercha tout autour de lui son fusil. Il le ramassa. Ce n'était plus qu'un tronçon de métal tordu. Quelqu'un avait
150 fait sauter le canon, il ne pouvait plus servir à rien.

→Avec cette douloureuse relique[2] à la main, saignant du nez, les genoux couronnés, couvert de terre de la tête aux pieds, il alla retrouver sa maman dans l'allée.

« Mon Dieu ! Dolfi, qu'est-ce que tu as fait ? »
155 Elle ne lui demandait pas ce que les autres lui avaient fait mais ce qu'il avait fait, lui. Instinctif dépit de la brave ménagère[3] qui voit un vêtement complètement perdu. Mais il y avait aussi l'humiliation de la mère : quel pauvre homme deviendrait ce malheureux bambin ? Quelle misérable destinée
160 l'attendait ? Pourquoi n'avait-elle pas mis au monde, elle aussi, un de ces garçons blonds et robustes qui couraient dans le jardin ? Pourquoi Dolfi restait-il si rachitique[4] ? Pourquoi était-il toujours si pâle ? Pourquoi était-il si peu sympathique aux autres ? Pourquoi n'avait-il pas de sang dans les veines[5] et se
165 laissait-il toujours mener par les autres et conduire par le bout du nez ? Elle essaya d'imaginer son fils dans quinze, vingt ans. Elle aurait aimé se le représenter en uniforme, à la tête d'un

1. S'effaçait.
2. Objet auquel on tient, malgré son état, à cause de ce qu'il évoque du passé.
3. Personne qui s'occupe des soins du ménage.
4. Maigre.
5. Était-il sans courage.

escadron de cavalerie, ou donnant le bras à une superbe jeune fille, ou patron d'une belle boutique, ou officier de marine.
170 Mais elle n'y arrivait pas. Elle le voyait toujours assis un porte-plume à la main, avec de grandes feuilles de papier devant lui, penché sur le banc de l'école, penché sur la table de la maison, penché sur le bureau d'une étude poussiéreuse. Un bureau-crate[1], un petit homme terne. Il serait toujours un pauvre
175 diable, vaincu par la vie.

«Oh! le pauvre petit!» s'apitoya une jeune femme élégante qui parlait avec Mme Klara.

Et secouant la tête, elle caressa le visage défait[2] de Dolfi.

Le garçon leva les yeux, reconnaissant, il essaya de sourire, et
180 une sorte de lumière éclaira un bref instant son visage pâle. Il y avait toujours l'amère solitude d'une créature fragile, inno-cente, humiliée, sans défense; le désir désespéré d'un peu de consolation; un sentiment pur, douloureux et très beau qu'il était impossible de définir. Pendant un instant – et ce fut la der-
185 nière fois – il fut un petit garçon doux, tendre et malheureux, qui ne comprenait pas et demandait au monde environnant un peu de bonté.

Mais ce ne fut qu'un instant.

«Allons, Dolfi, viens te changer!» fit la mère en colère, et
190 elle le traîna énergiquement à la maison.

---

1. Personne qui travaille dans les bureaux (péjoratif).
2. Triste, accablé.

Alors le bambin se remit à sangloter à cœur fendre[1], son visage devint subitement laid, un rictus[2] dur lui plissa la bouche. «Oh! ces enfants! quelles histoires ils font pour un rien! s'exclama l'autre dame agacée en les quittant. Allons, au revoir,
195 madame Hitler!»

---

1. Au point de vous fendre le cœur, de vous apitoyer.
2. Sourire grimaçant, expression de visage peu sympathique.

BIEN LIRE

• L. 6-14 : sur quoi le portrait du petit garçon insiste-t-il ?

• L. 25-26 : «sans animosité, c'était plutôt une invitation» : quel est l'intérêt de ces deux remarques juxtaposées ?

• L. 64 à 77 : notez que le narrateur insiste beaucoup sur l'opposition entre le petit garçon et les autres.

• L. 106 : que suggère l'adjectif «sournois» ici ?

• L. 125-129 et l. 146-150 : comparez ces deux passages. Quel effet l'auteur a-t-il voulu créer ?

Julio Cortázar
Continuité des parcs

Il avait commencé à lire le roman quelques jours auparavant. Il l'abandonna à cause d'affaires urgentes et l'ouvrit de nouveau dans le train, en retournant à sa propriété. Il se laissait lentement intéresser par l'intrigue et le caractère des personnages. Ce
5 soir-là, après avoir écrit une lettre à son fondé de pouvoirs[1] et discuté avec l'intendant[2] une question de métayage[3], il reprit sa lecture dans la tranquillité du studio, d'où la vue s'étendait sur le parc planté de chênes. Installé dans son fauteuil favori, le dos à la porte pour ne pas être gêné par une irritante possibilité de
10 dérangements divers, il laissait sa main gauche caresser de temps en temps le velours vert. Il se mit à lire les derniers chapitres. Sa mémoire retenait sans effort les noms et l'apparence des héros. L'illusion romanesque le prit presque aussitôt. Il jouissait du plaisir presque pervers de s'éloigner petit à petit,
15 ligne après ligne, de ce qui l'entourait, tout en demeurant conscient que sa tête reposait commodément sur le velours du dossier élevé, que les cigarettes restaient à portée de sa main et qu'au-delà des grandes fenêtres le souffle du crépuscule semblait danser sous les chênes.
20 Phrase après phrase, absorbé par la sordide[4] alternative où se débattaient les protagonistes[5], il se laissait prendre aux images qui s'organisaient et acquéraient progressivement couleur et vie. Il fut ainsi témoin de la dernière rencontre dans la cabane parmi

---

1. Personne chargée des affaires de quelqu'un d'autre.
2. Qui s'occupe des tâches administratives.
3. Mode d'exploitation agricole.
4. Répugnante.
5. Personnages principaux.

la broussaille. La femme entra la première, méfiante. Puis vint
25 l'homme, le visage griffé par les épines d'une branche.
Admirablement, elle étanchait[1] de ses baisers le sang des égrati-
gnures. Lui, se dérobait aux caresses. Il n'était pas venu pour
répéter le cérémonial[2] d'une passion clandestine protégée par un
monde de feuilles sèches et de sentiers furtifs. Le poignard deve-
30 nait tiède au contact de sa poitrine. Dessous, au rythme du
cœur, battait la liberté convoitée[3]. Un dialogue haletant se
déroulait au long des pages comme un fleuve de reptiles, et l'on
sentait que tout était décidé depuis toujours. Jusqu'à ces caresses
qui enveloppaient le corps de l'amant comme pour le retenir et
35 le dissuader[4], dessinaient abominablement les contours de
l'autre corps, qu'il était nécessaire d'abattre. Rien n'avait été
oublié : alibis, hasards, erreurs possibles. À partir de cette heure,
chaque instant avait son usage minutieusement calculé. La
double et implacable répétition était à peine interrompue le
40 temps qu'une main frôle une joue. Il commençait à faire nuit.

Sans se regarder, étroitement liés à la tâche qui les attendait,
ils se séparèrent à la porte de la cabane. Elle devait suivre le sentier qui allait vers le nord. Sur le sentier opposé, il se retourna
un instant pour la voir courir, les cheveux dénoués. À son tour,
45 il se mit à courir, se courbant sous les arbres et les haies. À la
fin, il distingua dans la brume mauve du crépuscule[5] l'allée qui

---

1. Épongeait le sang.
2. Rituel, action habituelle.
3. Très recherchée.
4. Convaincre de ne pas faire.
5. Tombée de la nuit.

conduisait à la maison. Les chiens ne devaient pas aboyer et ils
n'aboyèrent pas.

À cette heure, l'intendant ne devait pas être là et il n'était pas
50 là. Il monta les trois marches du perron et entra. À travers le
sang qui bourdonnait dans ses oreilles, lui parvenaient encore
les paroles de la femme. D'abord une salle bleue, puis un cor-
ridor[1], puis un escalier avec un tapis. En haut, deux portes.
Personne dans la première pièce, personne dans la seconde. La
55 porte du salon, et alors, le poignard en main, les lumières des
grandes baies, le dossier élevé du fauteuil de velours vert et,
dépassant le fauteuil, la tête de l'homme en train de lire un
roman.

---

1. Couloir.

BIEN LIRE

• P. 33 : prenez des notes précises sur le lieu où le
narrateur s'installe pour lire.

• L. 36 : qui est cet « autre corps » d'après vous ?

• L. 27-40 : à quel genre littéraire se rattache ce
passage ?

• L. 47 : pourquoi les chiens ne devaient-ils pas
aboyer ?

Claude Bourgeyx
Lucien

Lucien

type de narrateur: omniscient

pers. princ.

Lucien était douillettement recroquevillé sur lui-même. C'était sa position favorite. Il ne s'était jamais senti aussi détendu, heureux de vivre. Son corps était au repos, léger, presque aérien. Il se sentait flotter. Pourtant il n'avait absorbé aucune drogue pour accéder à cette sorte de béatitude[1]. Lucien était calme et serein naturellement ; bien dans sa peau, comme on dit. Un bonheur égoïste, somme toute.

La nuit même, le malheureux fut réveillé par des douleurs épouvantables. Il était pris dans un étau[2], broyé par les mâchoires féroces de quelque fléau[3]. Quel était ce mal qui lui fondait[4] dessus ? Et pourquoi sur lui plutôt que sur un autre ? Quelle punition lui était donc infligée ? « C'est la fin », se dit-il.

élément déclencheur

Il s'abandonna à la souffrance en fermant les yeux, incapable de résister à ce flot qui le submergeait, l'entraînant loin des rivages[5] familiers. Il n'avait plus la force de bouger. Un carcan[6] l'emprisonnait de la tête aux pieds. Il se sentait emporté vers un territoire inconnu qui l'effrayait déjà. Il crut entendre une musique abyssale[7]. Sa résistance faiblissait. Le néant l'attirait.

Un sentiment de solitude l'envahit. Il était seul dans son épreuve. Personne pour l'aider. Il devrait franchir le passage en solitaire. Pas moyen de faire autrement. « C'est la fin », se répéta-t-il.

---

1. Bien-être.
2. Presse formée de deux parties que l'on rapproche pour immobiliser un objet.
3. Instrument à battre les céréales, composé de deux bâtons liés par des courroies.
4. Tombait.
5. Bords.
6. Ce qui entrave la liberté.
7. Qui vient des profondeurs.

La douleur finit par être si forte qu'il faillit perdre la raison. Et puis, soudain, ce fut comme si les mains de Dieu l'écartelaient[1]. Une lumière intense l'aveugla. Ses poumons s'embrasèrent[2]. Il poussa un cri.

En le tirant par les pieds, la sage-femme s'exclama, d'une voix tonitruante[3] : « C'est un garçon ! »

Lucien était né.

---

1. Tiraient de tous côtés.
2. Prirent feu.
3. Très forte.

BIEN LIRE

• L. 1-7 : notez l'insistance sur le bonheur de Lucien lors de cette présentation.

• L. 8-22 : quel effet ces lignes produisent-elles par rapport aux sept premières ?

Fred Kassak
Iceberg

type de narrateur : témoin

Irène s'étire sur sa chaise longue, entrouvre les yeux, bâille longuement et pouffe[1] :

– Oh! pardon! Je n'ai pas mis ma main devant ma bouche.

Elle me considère[2], mi-confuse, mi-railleuse[3].

5 – Quelle importance? dis-je.

– Pour vous, je suis sûre que ça en a.

– Mais non! On dirait que ça ne me...

Irène a tendance à me croire à cheval sur les convenances[4] et très pudibond[5]. Tant mieux! Parfait! Je n'aime pas que l'on me

10 connaisse trop. Je préfère rester pour elle un iceberg[6] : un cinquième visible et le reste immergé[7].

Au début, je cherchais toujours à m'expliquer, je sautais sur les rares occasions qu'elle me donnait de parler de moi. Mais maintenant, c'est fini et je préfère changer de conversation. Je

15 désigne la fenêtre du premier étage de la villa :

– Georges fait sa sieste?

– Oui.

– Pourquoi ne la fait-il pas dans le jardin?

– À cause du soleil.

20 Je me retiens de ne pas hausser les épaules : le soleil d'automne, à Bouville, n'a jamais tué personne. Mais après

---

1. Rit.
2. Regarde avec attention.
3. À moitié gênée, à moitié moqueuse.
4. Strict.
5. Pudique, qui se choque facilement.
6. Glace flottante.
7. Sous l'eau.

tout, si je me trouve seul avec Irène dans le jardin et assuré d'un peu de tranquillité, je devrais être le dernier à m'en plaindre.

Mais je ne suis jamais seul avec Irène, ni dans le jardin d'ailleurs : la présence de Georges rôde[1] toujours entre nous et elle ne pense qu'à Georges.

– Il fait bon, dit-elle. Jamais on ne se croirait au mois de septembre au bord de la Manche ! Quel beau week-end ! C'est si gentil de nous avoir invités tous les deux. Vous savez que vous êtes un ami délicieux, mon petit Bernard ?

– Oh ! pour ça, oui, je le sais. Je suis gentil, délicieux et charmant. Un ami.

Elle a refermé les yeux. Elle doit penser à Georges. Un demi-sourire flotte sur ses lèvres. Le visage d'une femme comblée... Enfin presque... Je suppose que le mariage lui aurait mieux convenu qu'une aventure, mais Georges lui interdit même d'y penser. Derrière mes lunettes fumées[2], je la contemple, étendue sur une chaise longue, un bras replié sous la nuque. Elle se farde[3] à peine, ses cheveux sont coupés court, elle s'habille sans recherche, ses traits ne sont ni très fins, ni très réguliers. Je ne la trouve ni gentille, ni délicieuse, ni charmante et elle n'est pas mon amie. Je voudrais simplement l'avoir avec moi le reste de ma vie. Et elle est à Georges...

---

1. Tourne.
2. Teintées.
3. Se maquille.

J'ai rencontré Irène un soir de printemps à six heures et demie, près de la rotonde[1] du parc Monceau. Elle sanglotait convulsivement[2], adossée à la grille, se tamponnant les yeux d'un petit mouchoir rose. Les passants lui jetaient des regards furtifs[3] et hâtaient le pas en détournant la tête. Ma première réaction fut de les imiter, mais, poursuivi par l'image de cette détresse[4] solitaire, je revins sur mes pas. Je suis d'une nature assez sensible : je supporte difficilement la vue d'un homme ou d'une femme qui pleure. Seuls les enfants m'agacent.

Je considérai quelques temps cette fille en larmes sans savoir que faire pour l'aider. J'aurais pu, évidemment, l'aborder en lui demandant ce qui n'allait pas et en quoi je pouvais lui être utile. Mais peut-être aurait-elle suspecté[5] mes intentions, soupçonné quelque arrière-pensée. Or, d'arrière-pensée, je n'en avais aucune à ce moment-là. Simplement je savais ce qu'est la solitude et je voulais faire un geste pour lui témoigner un peu de chaleur humaine ; elle avait l'air d'avoir froid : elle frissonnait.

Mais, pour un timide, il est difficile de faire preuve de chaleur humaine ? Or, je suis d'une nature très timide. On pourrait même dire renfermée (et d'ailleurs on l'a dit). Je ne sais pas extérioriser, je ne sais pas communiquer, je ne sais pas lier. Je restais là à la regarder sans me décider.

---

1. Édifice circulaire.
2. En tremblant.
3. Rapides.
4. Souffrance.
5. Soupçonné.

D'autant plus qu'il y avait tous ces passants qui n'arrêtaient pas de passer comme s'ils l'avaient fait exprès et qui la regardaient. Si je l'abordais, ils me regarderaient aussi, et en règle générale, je n'aime pas qu'on me regarde : on commence par vous regarder, puis on vous examine et on finit par vous juger. Pas de ça avec moi.

Tout à coup, j'ai eu une inspiration : je venais de me souvenir qu'il y avait un fleuriste pas loin. J'achetai un petit bouquet de fleurs, je ne sais pas lesquelles, je ne m'y connais pas en fleurs.

Quand je déposai le bouquet près d'elle, le froissement du papier de soie lui fit tourner la tête. Je marmonnai[1], les oreilles en feu : « Il ne faut pas pleurer comme ça. » De près elle faisait moins jolie que de loin. Moins poétique. De loin, évidemment, on ne voyait qu'une jeune fille éplorée. De près on voyait les petits détails : les yeux rouges, le nez qui coule.

Elle releva vivement la tête, me regarda. Un regard morne[2] où pointaient un peu de surprise et d'irritation. Je lui souris et m'éloignai sans me retourner : si l'on ne veut pas rater ses sorties, il ne faut jamais se retourner.

Nous nous sommes revus le lendemain. Je revenais de mon travail, elle du sien, comme la veille, et nos chemins se croisèrent encore devant la rotonde du parc Monceau. Elle ne pleurait plus. Seulement l'air abattu. C'est elle qui, la première,

---

1. Parlai bas.
2. Triste.

m'adressa un petit sourire contraint[1]. Je me risquai à lui demander si elle allait mieux, elle me répondit : « un peu » et me
remercia pour mes anémones (oui, au fait, c'étaient des
anémones).

95 Le lendemain, on s'est encore rencontrés, puis le jour suivant, et ainsi de suite, et voilà.

Et maintenant, elle est allongée en face de moi dans la position approximative de l'« Olympia » de Manet[2], robe en plus,
hélas !

100 Je la contemple sans me gêner beaucoup. Grâce à mes verres
fumés, elle ne peut savoir si je la regarde ou non.

Elle me plaît. Vraiment, elle me plaît, avec son nez busqué[3], et
son grain de beauté au-dessous du genou. J'ai envie de l'embrasser,
mais il n'en est pas question. À cause de l'autre, là-haut.

105 Et justement, Irène n'y tient plus. Elle se lève avec un sourire
contrit[4] :

– Excusez-moi. Je monte rejoindre Georges.

Je me retiens de lui dire que si son Georges a besoin d'elle, il
est bien capable de l'appeler tout seul. Patience et prudence.
110 Après tout, que le cher Georges profite de son reste[5]. De tout
son petit reste.

Irène entre dans la villa.

---

1. Forcé, peu naturel.
2. Il s'agit d'une peinture de 1863, qui fit scandale, représentant une femme dénudée.
3. Courbé.
4. Repentant.
5. De ce qui lui reste.

Nous avons pris l'habitude de nous revoir chaque soir devant la rotonde. Je l'accompagnais un peu. Moi qui ne suis ni liant,
115 ni bavard, avec elle je me liais, je bavardais. Une huitaine de jours plus tard, je l'ai invitée au cinéma. Après une légère hésitation, elle a accepté et nous nous sommes mis à sortir une ou deux fois dans la semaine. Puis, j'ai suggéré que nous pourrions sortir plus souvent. Elle éluda[1] et je n'insistai pas sur le
120 moment. Mais j'ai de la suite dans les idées et quelque temps plus tard, je l'invitai à une exposition de peinture, un dimanche après-midi. Moi à une exposition de peinture !

Même pas une exposition de peinture, d'ailleurs. Des vitraux par Chagall[2], je crois, et qu'il fallait admirer dare-dare[3] avant
125 qu'on les expédie dans leur église de Jérusalem ou de je ne sais où. Les vitraux de Chagall, moi, ça m'intéresse autant que les théories de Teilhard de Chardin[4], mais enfin c'était un prétexte pour la voir un dimanche.

Nous n'avions jamais fait allusion ni l'un ni l'autre au cha-
130 grin qui était à l'origine de notre rencontre, mais elle semblait à peu près maîtresse de ses soirées et je pouvais la croire libre !

Or, au lieu de s'exclamer : « Oh ! oui, allons voir ces merveilleux et fascinants vitraux de Chagall ! » (comme n'importe

---

1. Évita de répondre.
2. Peintre et graveur français, né en 1887, qui a réalisé le plafond de l'Opéra de Paris et de nombreux vitraux.
3. Rapidement (familier).
4. Jésuite et philosophe français (1881-1955).

quelle fille aurait fait à sa place), ne la voilà-t-il pas qui me
135 répond tout net :

– Je ne suis jamais libre pendant le week-end.

Tel quel. Avec un sourire contraint, mais d'un ton ferme.
Moi, je n'ai pas insisté : quand on me claque une porte au nez,
j'ai assez d'amour-propre pour ne pas essayer de rentrer. Et c'est
140 elle-même qui m'a parlé de Georges.

Évidemment, j'aurais bien dû me douter que je n'étais pas le
premier homme qu'elle rencontrait, que son chagrin du premier soir n'était pas dû à un simple vague à l'âme...

À un ami tel que moi, on pouvait tout dire, n'est-ce pas (et
145 rien dans ma conduite n'aurait pu lui faire supposer que
j'éprouvais pour elle un autre sentiment que l'amitié). Alors,
non seulement elle me parla de Georges, mais elle devint inta-
rissable à son sujet[1]. Bien sûr, il l'avait fait souffrir, mais tel qu'il
était, elle l'aimait. Et puisqu'ils ne pouvaient se voir pendant la
150 semaine, les week-ends étaient à lui.

D'abord, j'en suis resté abasourdi[2]. Je ne m'attendais pas à ça.
Et puis, je me suis repris. J'ai décidé de réagir, de lutter. Avant
tout, il fallait que je réussisse à m'insinuer entre eux deux, à bri-
ser leur tête-à-tête, à participer aux sacro-saints[3] week-ends...

155 Je n'y tiens plus. Que peut-elle bien fabriquer là-haut avec

---

1. On ne pouvait plus l'arrêter de parler de lui.
2. Très surpris.
3. Très importants.

lui ? Il y a déjà plus de vingt minutes qu'elle est montée. Tant pis, j'y vais. C'est un peu mesquin[1], ce que je fais là. Je devrais la laisser profiter de son reste avec Georges. Mais elle oublie tout de même qu'elle est chez moi. Elle pourrait y mettre du
160 tact[2] !

Je pénètre à mon tour dans la villa et monte l'escalier. Je m'arrête devant la porte de leur chambre. Pas besoin de tendre l'oreille pour entendre le bruit des baisers à l'intérieur. C'est plus fort que moi, j'entre.

165 Irène se lève vivement du lit en reboutonnant son corsage. Elle est devenue très rouge. Georges, qui est resté allongé, me regarde entrer sans piper[3].

– Vous auriez pu frapper, remarque Irène d'un ton pincé[4].

– Pardonnez-moi, dis-je, mais je ne pensais pas qu'à cette
170 heure-ci, vous...

Je m'éclaircis la gorge et demande le cœur battant, car de sa réponse dépend la réussite de mon plan :

– Que penseriez-vous d'une balade avec la voiture ?

J'ai réussi, non sans mal, à devenir « l'ami de la famille ».
175 Irène m'invita à prendre le thé un dimanche et me présenta le fameux Georges.

Un des plus mauvais après-midi de mon existence. Jamais je n'ai eu autant l'impression de ne pas exister. Dès cette visite, j'ai

---

1. Peu généreux, petit.
2. Diplomatie, délicatesse.
3. Sans broncher.
4. Mécontent et choqué.

compris qu'un tel amour ne pouvait laisser de place pour aucun
180 autre et que, de Georges et moi, l'un était de trop.

Il aurait été beau encore ! Mais il était laid — une espèce
d'avorton[1] à moitié chauve — et son caractère semblait aussi
malgracieux que son apparence. Tel était celui qui empêchait
Irène de rechercher un homme capable de lui apporter un
185 amour sérieux. Un homme qui, lui au moins, l'épouserait. Moi.

Et elle gâchait sa vie pour un être qui, dans son inconscience,
ne s'apercevait même pas du sacrifice !

Très rapidement, j'ai donc été amené à conclure que ce serait
un vrai service à lui rendre que de la débarrasser de Georges. Un
190 service dont elle ne me saurait évidemment aucun gré si elle
apprenait que je le lui avais rendu, mais il importe de savoir
faire malgré eux le bien de ceux que l'on aime.

Elle le pleurerait sans doute pendant quelque temps, mais
tout s'oublie. Elle l'oublierait. Dans mes bras.

195 L'ennui c'est que je ne pouvais faire disparaître Georges
n'importe quand. En semaine, j'ignorais où il se trouvait et il
eût été trop dangereux d'interroger Irène sur ce point : elle
aurait pu s'en souvenir par la suite. Je ne pouvais atteindre
Georges qu'un seul moment où il m'était possible de le voir,
200 c'est-à-dire pendant le week-end.

Bon. Je savais quand. Maintenant, il fallait savoir comment.
J'ai tout envisagé, même le poison, mais rien ne convenait.
Trop dangereux pour moi, pas assez pour lui. Je commençais à
désespérer quand j'ai pensé à la voiture.

---

1. Être petit et fragile (péjoratif).

205   J'ai préparé mon affaire longtemps à l'avance. J'ai commencé par inviter Irène pour un week-end (en tout bien tout honneur, comme il se doit), dans la villa que possède ma famille à Bouville.

Comme je m'y attendais, elle m'a répondu qu'elle ne voulait pas venir sans Georges. Sur quoi je l'ai assurée que jamais ne me 210 serait venue l'idée de les inviter l'un sans l'autre : Georges pouvait venir aussi, naturellement ! Avec sa voiture !

Ainsi s'est prise l'habitude des week-ends, ainsi n'est-ce pas la première fois que nous venons jusqu'ici avec la voiture. C'est un endroit qu'Irène et moi apprécions beaucoup, pour des rai- 215 sons différentes.

Irène, c'est parce que nous dominons la ville et, au-delà, la mer ; que l'on peut admirer un panorama[1] somptueux et repérer Le Havre et la côte anglaise grâce à une table d'orientation.

Moi, c'est d'une part parce que la beauté du lieu distrait pré- 220 cisément Irène des contingences[2] ; d'autre part, parce que du petit rond-point où est située la table d'orientation, partent deux chemins à très forte pente ; celui d'où nous venons et qui débouche cent mètres plus bas sur une route à grande circulation et un autre plus étroit mais tout aussi intéressant qui abou- 225 tit droit à la lisière[3] d'un terrain privé dont la barrière de clôture, basse et très vermoulue[4], se trouve juste au bord de la falaise qui tombe à pic[5] dans la mer.

---

1. Point de vue.
2. Choses annexes, sans importance (désigne ici Georges).
3. Entrée.
4. Rongée par les vers donc fragile.
5. S'arrête brusquement.

Nous nous arrêtons près du petit rond-point. Irène bloque le frein et se dirige aussitôt vers la table d'orientation. Elle est
230 d'excellente humeur et ne semble plus me tenir rigueur[1] de mon irruption intempestive[2] de tout à l'heure, dans la chambre. Georges, toujours aussi indifférent et qui ne s'intéresse pas au paysage, reste dans la voiture.

Jusqu'à présent, tout s'est bien passé comme à l'accoutumée[3].
235 Mais cette fois, je fais un petit geste de plus : après avoir laissé galamment Irène me précéder, d'un coup sec du pied, je débloque la pédale du frein. Puis, je suis Irène sans même me retourner : que Georges aille se faire caramboler[4] par les voitures de la route ou se fracasser sur les rochers de la falaise avant
240 de s'engloutir dans la mer, peu m'importe, je ne suis pas sadique[5]. Seul le résultat compte.

Je sens, derrière moi, la voiture commencer à s'ébranler tranquillement, à prendre de la vitesse. Encore un instant, rien qu'un instant, tout sera fini.

245 Mais, soudain, Irène se retourne vers moi en souriant :

– Regardez comme la mer...

Elle n'achève pas. Ses yeux s'agrandissent, elle hurle :

– La voiture ! Georges !...

Elle fait demi-tour, me bouscule et s'élance vers la voiture,

---

1. M'en vouloir.
2. Entrée au mauvais moment.
3. Comme d'habitude.
4. Heurter.
5. Qui aime voir souffrir les autres.

250 qui dévale le chemin (à ce moment seulement, je constate que le sort a choisi la falaise).

Irène peut-elle espérer rattraper la voiture ? Je cours derrière elle le moins vite possible en criant : « Mon Dieu ! » et tout en souhaitant que Dieu ne se mêle de rien et laisse la voiture et son 255 contenu accomplir leur destin.

Irène trébuche, chancelle[1], se rattrape, perd une de ses chaussures à talons hauts, se débarrasse de l'autre, repart. Je n'aurais pu croire qu'une fille pouvait courir si vite : elle parvient au niveau de la voiture juste au moment où celle-ci atteint le bord 260 de la falaise, saisit la poignée. Elle s'arc-boute[2], tente de freiner la voiture qui l'entraîne. Je hurle, et cette fois sincèrement :

– Mon Dieu ! Irène !

Je ne voulais pas cela ! Je voulais la perte de Georges, pas la sienne ! Je me précipite pour la retenir à mon tour, mais quand 265 j'y parviens, ce n'est déjà plus la peine et mon aide est devenue inutile : Irène, toute seule, a réussi à stopper la voiture.

Elle halète, pleure, rit tout ensemble en saisissant dans ses bras Georges qui s'est mis à hurler.

– Georges, mon chéri, sanglote-t-elle, mon ange, mon trésor, 270 mon tout-petit !

Elle le berce. Elle lui murmure des mots mystérieux, qu'il comprend et qui l'apaisent. Ils se sourient ; de nouveau les voilà

---

1. Vacille, manque de tomber.
2. Se plie en deux.

ensemble, complices, dans un tête-à-tête dont je suis exclu. Je n'existe plus. Irène ne m'accorde pas un regard.

275   Elle ne paraît pas soupçonner la responsabilité que j'ai eue dans l'accident. Si elle s'en doutait, me dénoncerait-elle ? Ça ferait bien l'affaire des journaux à sensation : « Un jeune homme tente de supprimer le bébé de trois mois pour épouser la mère... ».

280   Mais il n'y aura pas de gros titres, parce que je suis malin et qu'Irène ne se doute de rien. Je me penche sur Georges et je fais à ce gêneur, que son père n'a pas reconnu, des : « Gui, gui, gui, gui », des « areuh, areuh » et des « agoo, agoo, agoo ».

   C'est ma manière à moi de lui dire dans sa langue :
285 « Aujourd'hui, Georges, tu t'en es bien tiré, mais je recommencerai, à l'occasion d'un autre week-end. Je recommencerai, Georges, et cette fois-ci, je ne te raterai pas ! »

> Et Georges semble me comprendre, car il me regarde fixement, fait la moue[1] et se remet à hurler.

---

1. Fait la tête, boude.

BIEN LIRE

• L. 10-11 : notez que l'auteur nous explique en partie le titre de sa nouvelle.

• L. 20-26 : quel sentiment le narrateur laisse-t-il transparaître ici ?

• L. 32 : « un ami » : que veut dire le narrateur à travers cette remarque ?

• L. 42-43 : quel lien logique pourrait-on ajouter derrière « mon amie » ?

Pascal Mérigeau
Quand Angèle fut seule...

Bien sûr, tout n'avait pas marché comme elle l'aurait sou-
haité pendant toutes ces années ; mais tout de même, cela lui
faisait drôle de se retrouver seule, assise à la grande table en
bois. On lui avait pourtant souvent dit que c'était là le moment
5 le plus pénible, le retour du cimetière. Tout s'était bien passé,
tout se passe toujours bien d'ailleurs. L'église était pleine. Au
cimetière, il lui avait fallu se faire embrasser par tout le village.
Jusqu'à la vieille Thibault qui était là, elle qu'on n'avait pas vue
depuis un an au moins. Depuis l'enterrement d'Émilie Martin.
10 Et encore, y était-elle seulement, à l'enterrement d'Émilie
Martin ? Impossible de se souvenir. Par contre, Angèle aurait
sans doute pu citer le nom de tous ceux qui étaient là aujour-
d'hui. André, par exemple, qui lui faisait tourner la tête, au bal,
il y a bien quarante ans de cela. C'était avant que n'arrive
15 Baptiste. Baptiste et ses yeux bleus, Baptiste et ses chemises à
fleurs, Baptiste et sa vieille bouffarde[1], qu'il disait tenir de son
père, qui lui-même... En fait ce qui lui avait déplu aujourd'hui,
ç'avait été de tomber nez à nez avec Germaine Richard, à la sortie du cimetière. Celle-là, à soixante ans passés, elle avait tou-
20 jours l'air d'une catin[2]. Qu'elle était d'ailleurs.

Angèle se leva. Tout cela était bien fini maintenant. Il fallait
que la mort quitte la maison. Les bougies tout d'abord. Et puis
les chaises, serrées en rang d'oignon le long du lit. Ensuite, le

---

1. Pipe.
2. Prostituée.

balai. Un coup d'œil au jardin en passant. Non décidément, il
25 n'était plus là, penché sur ses semis, essayant pour la troisième
fois de la journée de voir si les radis venaient bien. Il n'était pas
non plus là-bas, sous les saules. Ni même sous le pommier,
emplissant un panier. Vraiment, tout s'était passé très vite,
depuis le jour où en se réveillant, il lui avait dit que son ulcère
30 recommençait à le taquiner. Il y était pourtant habitué, depuis
le temps. Tout de même, il avait fait venir le médecin. Mais
celui-là, il le connaissait trop bien pour s'inquiéter vraiment.
D'ailleurs, Baptiste se sentait déjà un peu mieux... Trois
semaines plus tard, il faisait jurer à Angèle qu'elle ne les laisse-
35 rait pas l'emmener à l'hôpital. Le médecin était revenu. Il ne
comprenait pas. Rien à faire, Baptiste, tordu de douleur sur son
lit, soutenait qu'il allait mieux, que demain, sans doute, tout
cela serait déjà oublié. Mais, quand il était seul avec elle, il lui
disait qu'il ne voulait pas mourir à l'hôpital. Il savait que c'était
40 la fin, il avait fait son temps. La preuve, d'autres, plus jeunes,
étaient partis avant lui... Il aurait seulement bien voulu tenir
jusqu'à la Saint-Jean. Mais cela, il ne le disait pas. Angèle le
savait, et cela lui suffisait. La Saint-Jean, il ne l'avait pas vue
cette année. Le curé était arrivé au soir. Baptiste était mort au
45 petit jour. Le mal qui lui sciait le corps en deux avait triomphé.
C'était normal.

Angèle ne l'avait pas entendue arriver. Cécile, après s'être
changée, était venue voir si elle n'avait besoin de rien. De quoi
aurait-elle pu avoir besoin ? Angèle la fit asseoir. Elles

50 parlèrent. Enfin, Cécile parla. De l'enterrement bien sûr, des larmes de quelques-uns, du chagrin de tous. Angèle l'entendait à peine.

Baptiste et elle n'étaient jamais sortis de Sainte-Croix, et elle le regrettait un peu. Elle aurait surtout bien aimé aller à
55 Lourdes. Elle avait dû se contenter de processions[1] télévisées.

Elle l'avait aimé son Baptiste, dès le début, ou presque. Pendant les premières années de leur mariage, elle l'accompagnait aux champs pour lui donner la main. Mais depuis bien longtemps, elle n'en avait plus la force. Alors elle l'attendait,
60 veillant à ce que le café soit toujours chaud, sans jamais être bouillant. Elle avait appris à le surveiller du coin de l'œil, levant à peine le nez de son ouvrage. Et puis, pas besoin de montre. Elle savait quand il lui fallait aller nourrir les volailles, préparer le dîner. Elle savait quand Baptiste rentrait.
65 Souvent Cécile venait lui tenir compagnie. Elle apportait sa couture, et en même temps les nouvelles du village. C'est ainsi qu'un jour elle lui dit, sur le ton de la conversation bien sûr, qu'il lui semblait avoir aperçu Baptiste discutant avec Germaine Richard, près de la vigne. Plusieurs fois au cours
70 des mois qui suivirent, Cécile fit quelques autres « discrètes » allusions[2]. Puis elle n'en parla plus. Mais alors, Angèle savait.

1. Défilés religieux.
2. Références.

Elle ne disait rien. Peu à peu, elle s'était habituée. Sans même avoir eu à y réfléchir, elle avait décidé de ne jamais en parler à Baptiste, ni à personne. C'était sa dignité. Cela avait duré
75 jusqu'à ce que Baptiste tombe malade pour ne plus jamais se relever. Cela avait duré près de vingt ans. Son seul regret, disait-elle parfois, était de n'avoir pas eu d'enfants. Elle ne mentait pas. Encore une raison de détester la Germaine Richard d'ailleurs, car elle, elle avait un fils, né peu de temps
80 après la mort de son père ; Edmond Richard, un colosse[1] aux yeux et aux cheveux noirs avait été emporté en quelques semaines par un mal terrible, dont personne n'avait jamais rien su. Le fils Richard, on ne le connaissait pas à Sainte-Croix. Il avait été élevé par une tante à Angers. Un jour
85 cependant, c'était juste avant que Baptiste ne tombe malade, il était venu voir sa mère. Cécile était là, bien sûr, puisque Cécile est toujours là quand il se passe quelque chose. Elle lui avait trouvé un air niais avec ses grands yeux délavés[2]. Angèle en avait semblé toute retournée.

90   Cécile était partie maintenant. La nuit était tombée. Angèle fit un peu de vaisselle. Elle lava quelques tasses, puis la vieille cafetière blanche, maintenant inutile, puisque Angèle ne buvait jamais de café. Elle la rangea tout en haut du bahut[3]. Sous l'évier, elle prit quelques vieux pots à confitures

---

1. Géant d'une grande force.
2. Bleu pâle.
3. Buffet.

95 vides. À quoi bon faire des confitures, elle en avait un plein buffet. Elle prit également quelques torchons, un paquet de mort-aux-rats[1] aux trois quarts vide, et s'en alla mettre le tout aux ordures. Il y avait bien vingt ans qu'on n'avait pas vu un rat dans la maison.

Ce n'est pas par rien qu'elle avait du poison à rat. (pour tuer son mari)

---

1. Produit utilisé pour tuer les rats.

BIEN LIRE

• **L. 1-20 : notez que le récit commence par les pensées d'Angèle.**

• **L. 46 : pourquoi cela est-il normal ?**

• **L. 56-89 : repérez le retour en arrière.**

• **L. 57-66 : repérez les indices de temps qui permettent de dire qu'ici l'imparfait exprime l'habitude.**

Après-texte

Lire

1 Quelles remarques pouvez-vous faire sur la première phrase ? Quel effet cherche-t-on à produire sur le lecteur ?

2 Relevez toutes les oppositions entre les deux personnages. Sur quoi permettent-elles d'insister (l. 1-21) ?

3 Relevez, dans toute la nouvelle, la façon dont la jeune fille est nommée.

4 Relevez tous les éléments négatifs dans la description du McDonald, et classez-les en fonction des différents sens (ouïe, vue...). Pourquoi, d'après vous, le narrateur n'aime-t-il pas ce genre d'endroit (l. 27-102) ?

5 Quel procédé le narrateur utilise-t-il pour exprimer son dégoût (l. 29-32) ?

6 « J'ai déjà du mal avec l'humanité » (l. 34-35) : comment comprenez-vous cette phrase ?

7 Relevez toutes les manifestations de tendresse entre les deux personnages dans toute la nouvelle. Montrez qu'elle est réciproque et que chacun prend soin de l'autre.

8 Quel est le point de vue adopté dans cette nouvelle ? Justifiez votre réponse en citant le texte et justifiez le choix de ce point de vue (voir l'encadré « À savoir » ci-contre).

9 Relevez tous les éléments qui permettent de décrire la jeune fille en les classant ainsi : nom, vêtements, physique, moral, gestes.

10 De quelle façon les paroles sont-elles rapportées (l. 148-161) ? Quel verbe a permis d'introduire ce discours (voir l'encadré « À savoir » p. 72) ?

11 Que remarquez-vous (l. 170) ?

12 Identifiez et recopiez la chute. Pourquoi peut-on dire que le titre était un indice important ?

13 Relevez tous les éléments qui ont permis d'emmener le lecteur sur une fausse piste.

14 Relevez les indices de la chute, notamment dans le portrait de la jeune fille.

Écrire

15 Rédigez le portrait de la jeune fille. Vous veillerez à enchaîner les éléments descriptifs à l'aide de connecteurs.

16 Rédigez la description du McDonald du point de vue de la petite fille.

17 Imaginez la description que la jeune fille pourrait faire du narrateur. Attention, il ne s'agit pas de changer le point de vue mais le narrateur.

18 Imaginez la description que la jeune fille pourrait faire d'un restaurant comme le narrateur les aime en utilisant les éléments du texte (l. 12-16). Vous prendrez soin de développer une vision négative en utilisant entre autres le procédé des questions rhétoriques.

19 Résumez cette nouvelle en quelques lignes en adoptant un point de vue extérieur.

Chercher

20 Cherchez une définition précise de l'amour courtois et donnez des titres de romans de chevalerie (l. 141-144).

21 Qu'est-ce qu'un bouquiniste (l. 159) ? Où sont-ils le plus souvent installés à Paris ?

22 Cherchez d'autres scènes de repas célèbres dans la littérature.

POUR COMPRENDRE

À SAVOIR

LE POINT DE VUE OU FOCALISATION

Chercher le point de vue utilisé dans un texte revient à se poser la question qui voit ? mais aussi qui entend ? qui ressent ? qui pense ? C'est pour cela qu'il est bon, avant de tenter de déterminer le point de vue que l'auteur a choisi d'utiliser, de relever tous les verbes de perception (voir, entendre, ressentir, penser et leurs synonymes) ainsi que leur sujet.

Il existe trois points de vue différents :

– **le point de vue extérieur** (ou **focalisation externe**) : les événements semblent se raconter d'eux-mêmes sans qu'aucun personnage ne les perçoive. Dans ce cas, bien sûr, il n'y a pas de verbes de perception.

– **le point de vue intérieur** (ou **focalisation interne**) : l'auteur choisit de rapporter la scène telle qu'elle a été vue, pensée, ressentie par l'un des personnages. Dans ce cas, les verbes de perception ont tous le même sujet : le personnage en question. L'auteur est alors prisonnier du point de vue qu'il a choisi d'adopter et il rapporte uniquement ce que ce personnage-là peut effectivement voir, entendre ou penser.

– **le point de vue omniscient** (ou **focalisation zéro**) : le narrateur est censé tout savoir sur tout et il peut ainsi donner les pensées de plusieurs personnages ou même raconter ce qui se passe dans plusieurs lieux à la fois. Dans ce cas, les verbes de perception ont des sujets différents.

Un même texte peut faire alterner plusieurs points de vue.

POUR COMPRENDRE

Lire

1 À quelle histoire vous attendez-vous d'après le titre ?

2 Montrez que le premier paragraphe permet d'apporter tous les éléments essentiels à la présentation de la situation initiale.

3 Dans quel pays se passe cette histoire ? Quels éléments vous ont permis de répondre à cette question ?

4 Repérez l'élément perturbateur de la page 21 (voir l'encadré « À savoir »).

5 Quels sont les différents points de vue adoptés dans ce texte ? Justifiez votre réponse à l'aide de citations (voir l'encadré « À savoir », p. 67).

6 Caractérisez l'attitude des enfants, de la mère et du narrateur face au petit garçon. Citez des phrases du texte pour étayer votre réponse.

7 Repérez les oppositions entre le portrait du jeune garçon et celui des autres enfants (l. 64-77).

8 Qui parle (l. 158-166) ? Comment s'appelle cette façon de rapporter les paroles (voir l'encadré « À savoir », p. 72) ?

9 Pourquoi l'auteur fait-il intervenir une deuxième femme ? Quels rôles joue-t-elle (l. 176-195) ?

À SAVOIR

LE SCHÉMA NARRATIF

Le schéma narratif est un schéma en cinq parties qui permet de rendre compte de l'organisation d'un récit.

– Situation initiale : il s'agit d'une situation stable dans laquelle on présente le temps, le lieu et les personnages de l'action. Elle est exprimée le plus souvent à l'imparfait.

– Élément perturbateur : c'est l'étape qui permet de donner véritablement naissance à l'histoire. Quelque chose vient perturber la situation stable du début. Cette étape est généralement exprimée au passé simple.

– Action : il s'agit maintenant de résoudre la perturbation. Toutes les actions engagées par les différents personnages constituent cette étape qui est la plus longue du récit.

– Résolution : il faut bien comprendre que cette résolution peut être aussi bien positive que négative. Elle met un terme aux actions entreprises et introduit la dernière étape.

– Situation finale : il doit s'agir à nouveau d'une situation stable qui renseigne le lecteur sur le sort des personnages les plus importants.

10 Quel effet le narrateur cherche-t-il à produire ici (l. 179-187) ? Quel est le registre utilisé (voir l'encadré « À savoir ») ?

11 Quel changement s'opère ensuite chez le petit garçon ? Montrez en citant le texte qu'il est définitif.

12 Identifiez et recopiez la chute.

13 Quelles différentes morales pourrait-on tirer de ce texte ?

14 Caractérisez le petit garçon (nom, surnoms, moral, physique, attitudes) puis distinguez les éléments qui pouvaient permettre de deviner la chute.

15 Relevez les autres indices de la chute.

Écrire

16 Résumez l'histoire en quelques lignes en respectant le schéma narratif.

17 Pourquoi l'identité du personnage rend-elle indispensable une révélation si tardive ?

Chercher

18 Lisez « Une Histoire vraie » de Roald Dahl dans le recueil *Kiss Kiss*. Comparez les dates des deux nouvelles. Quelle version préférez-vous ?

19 Quel métier Dino Buzzati exerçait-il ? En quoi cela peut-il éclairer son goût pour la nouvelle ?

QUELQUES REGISTRES

Le registre d'un texte se définit en fonction de l'effet que celui-ci cherche à produire sur le lecteur. On distingue de nombreux registres. En voici quelques-uns :

– Le **registre pathétique** qui vise à susciter une émotion chez le lecteur, notamment la compassion. Pour ce faire, l'auteur peut utiliser le champ lexical de la souffrance, les exclamations et interjections ainsi que des comparaisons assez marquantes.

– Le **registre comique** qui vise à faire sourire le lecteur par le biais de décalages, d'exagérations, de jeux de mots... Il fait généralement appel à la complicité du lecteur.

– Le **registre lyrique** qui permet à l'auteur d'exprimer ses sentiments personnels à travers le champ lexical de l'affectivité et de l'émotion, l'utilisation de la première personne et d'exclamations ou d'interjections.

POUR COMPRENDRE

Lire

1 Relevez les éléments qui montrent que le personnage apprécie sa lecture.

2 Qu'est-ce que « l'illusion romanesque » selon vous (l. 13) ?

3 Quel est le point de vue adopté des lignes 1 à 19 ? Justifiez votre réponse par des éléments du texte. Repérez un changement de point de vue dans le texte.

4 Relevez les éléments policiers dans le roman lu par le personnage.

5 Quelle surprise révèle la dernière phrase ? Expliquez.

6 Relevez les différentes façons dont les personnages sont nommés dans le texte. Que remarquez-vous ?

7 Comparez les descriptions des lignes 49 à 58 et des lignes 4 à 19. Que remarquez-vous ?

8 À la relecture, comment pouvez-vous justifier les deux phrases des lignes 12 et 13 ?

9 Peut-on dire que ce texte est fantastique (voir l'encadré « À savoir ») ?

10 Commentez le titre.

Écrire

11 Racontez précisément les circonstances agréables dans lesquelles vous avez lu un livre qui vous a plu.

12 Expliquez en quoi ce texte peut souligner certains dangers de la lecture.

13 L. 20-48 : rédigez le passage du roman que le personnage de cette nouvelle est en train de lire en prenant bien soin d'intégrer, au début, le dialogue auquel il est fait allusion des lignes 31 à 37.

Chercher

14 Cherchez une autre nouvelle à chute de Cortázar, dans le recueil *Marelle*, et lisez-la.

15 Cherchez et lisez des extraits de *Sur la lecture* de Proust.

À SAVOIR

LE RÉCIT FANTASTIQUE

Todorov définit ainsi le fantastique : « C'est l'hésitation éprouvée par un être qui ne connaît que les lois naturelles, face à un événement en apparence surnaturel. » Le cadre spatio-temporel d'un récit fantastique doit donc être réel et c'est la situation initiale qui va permettre de le mettre en place. Par exemple, dans le début de *La Cafetière* de Théophile Gautier, le cadre spatio-temporel est clairement défini et réel : « une terre au fond de la Normandie ». Mais, dans ce cadre réel, doivent déjà apparaître quelques éléments qui vont discréditer la vision de la personne qui va assister à l'événement surnaturel puis le raconter. Par exemple, dans *La Vénus d'Ille* de Mérimée, le texte insiste beaucoup sur le fait que le futur marié a abusé du vin et lorsqu'il raconte au narrateur que la statue a retenu la bague qu'il destinait à sa fiancée, le lecteur et le narrateur savent qu'ils ne peuvent pas entièrement accréditer cette version et restent donc dans l'hésitation.

En effet, l'événement étrange qui fait son entrée dans le monde naturel doit toujours pouvoir être expliqué de deux façons : l'une favorisant l'explication surnaturelle (il y a des traces sur le corps du marié qui pourraient ressembler à celles d'une statue dans *La Vénus d'Ille*), l'autre menant à l'explication rationnelle (un Aragonais avait menacé de mort ce même marié et une enquête s'ouvre). Sans l'hésitation, qui est marquée dans le texte par des modalisations (« peut-être », « je crois »...), on ne peut pas parler de texte fantastique. Il faut absolument qu'à la fin de l'histoire, le lecteur ne puisse pas trancher entre les deux hypothèses que le texte l'incite à formuler.

On voit clairement par là que le fantastique se distingue nettement du merveilleux où le surnaturel est accepté d'emblée et n'est jamais remis en question. Dans un conte merveilleux, le cadre spatio-temporel, défini par la célébrissime phrase d'ouverture « Il était une fois dans un pays lointain » est volontairement flou et, dès lors, tout événement merveilleux peut surgir sans remettre en cause un ordre préalablement établi. À noter également que, dans un conte merveilleux, les personnages n'ont pas de nom, ce qui les rend irréels et les prive d'une certaine singularité. On les appelle « Barbe bleue », « La Bête » ou « La Belle » par exemple.

POUR COMPRENDRE

Lire

1 Quel est le cadre spatio-temporel de cette histoire ? Commentez votre réponse.

2 Relevez le champ lexical du bonheur physique dans le premier paragraphe.

3 Quelle hypothèse le narrateur refuse-t-il que le lecteur formule sur ce bien-être (premier paragraphe) ?

4 Quel effet crée l'adjectif substantivé « le malheureux » (l. 8) ?

5 Relevez et commentez les différentes métaphores utilisées par le narrateur pour désigner les souffrances de Lucien (voir l'encadré « À savoir »).

6 « "C'est la fin", se dit-il. » (l. 12) : comment comprenez-vous cette phrase ? Relevez d'autres allusions semblables dans la suite du texte.

7 Relevez les éléments qui insistent sur l'impuissance de Lucien devant ce qui lui arrive.

8 Quel est le point de vue adopté

À SAVOIR

LES PAROLES RAPPORTÉES

– Le **discours direct** rapporte les paroles telles qu'elles ont été prononcées par le personnage. Il permet généralement de rendre le texte plus vivant.

– Le **discours indirect** se contente de rendre la teneur des propos sans les citer précisément et ce en les reliant à un verbe introducteur par l'intermédiaire d'une proposition subordonnée. Il permet de ne pas interrompre la narration.

– Le **discours indirect libre** est un savant mélange des deux précédents discours. Au discours direct, il emprunte l'absence de subordination, le compte rendu précis des paroles de l'émetteur et une ponctuation expressive. Au discours indirect, il emprunte le jeu des pronoms (3ᵉ personne) et des temps (en concordance avec la narration). Son utilité est double puisqu'il permet d'intégrer le discours à la narration sans perdre le ton des propos. Il est parfois difficile à repérer. C'est pourquoi il ne faut pas rater les verbes ou les formules qui l'introduisent (par exemple : « Il se mit à réfléchir. »).

– Le **discours narrativisé** : comme son nom l'indique, le discours est intégré à la narration et il ne la coupe pas. En fait, il s'agit d'un verbe ou d'une formule qui résume tout un discours (« Il l'invita à dîner. »). Le lecteur sait déjà ce que le personnage va dire et donc il est inutile de le répéter. Ce type de discours permet d'éviter les répétitions et de ne pas interrompre la narration.

dans ce texte ? Expliquez en quoi il est à la fois original et nécessaire à la chute.

9 À partir de quel mot avez-vous compris ce qui arrive à Lucien ? Quel changement important a eu lieu dans la narration pour permettre l'apparition de cette chute ?

10 « C'était sa position favorite. » (l. 2) : de quelle position s'agit-il ?

11 « Ce fut comme si les mains de Dieu [...] » (l. 24) : à qui appartiennent ces mains en réalité ? Pourquoi cette comparaison à votre avis ?

12 À la relecture du texte, comment comprenez-vous les phrases suivantes : « Un bonheur égoïste, somme toute. » (l. 7), « Et pourquoi sur lui plutôt que sur un autre ? » (l. 11) et « Il devrait franchir le passage en solitaire. » (l. 20-21).

Écrire

13 Dans un dialogue fictif, imaginez que la mère s'adresse à Lucien pour lui expliquer ce qu'il va devoir subir dans les prochaines heures.

14 Imaginez les faits et gestes du père en salle d'attente ainsi que ses pensées que vous exprimerez au discours indirect libre (voir l'encadré « À savoir »).

Chercher

15 Cherchez l'étymologie du prénom « Lucien ». Avec quel mot du texte doit-on le mettre en relation ?

16 Cherchez l'étymologie du mot « travail » puis expliquez l'expression « une femme en travail ».

À SAVOIR

COMPARAISON ET MÉTAPHORE

– **La comparaison** consiste à rapprocher deux éléments semblables (le comparé et le comparant) à l'aide d'un outil de comparaison (comme, ainsi, tel, etc.) : « Elle a passé la jeune fille/Vive et preste **comme** un oiseau. » (Nerval). Le motif du rapprochement peut être exprimé (ici la vivacité) ou non. Une comparaison qui s'étend sur plusieurs lignes s'appelle un parallèle.

– **La métaphore** est une comparaison sans outil de comparaison : « Cette fille **est** un oiseau. » À noter qu'une métaphore peut également être exprimée sous la forme d'un complément du nom (« le troupeau des moutons ») et qu'une métaphore qui s'étend sur plusieurs lignes est dite « filée ».

Lire

1 Quelle est la valeur du présent dans les premières phrases ?

2 Dressez le portrait moral du narrateur après avoir précisé et justifié son statut dans le texte.

3 Quelles relations Irène, Georges et le narrateur entretiennent-ils ? Se connaissent-ils depuis longtemps ? Citez le texte à l'appui de votre réponse.

4 Quel est le cadre spatio-temporel dans lequel cette histoire se déroule ? Est-il unique ? Pourquoi ?

5 Relevez tous les retours en arrière du texte. Quelle est leur utilité du point de vue de la narration (voir l'encadré « À savoir ») ?

6 Après avoir cherché le sens du mot « maxime » dans le dictionnaire, relevez les différentes maximes que le narrateur a utilisées dans son texte.

7 Relevez les marques d'humour dont le narrateur fait preuve dans son récit. Montrez également, en citant le texte, qu'il sait varier les niveaux de langage.

8 Qui parle ? De quelle manière ces paroles sont-elles rapportées (l. 148-150) ?

9 Quel est le point de vue adopté dans ce texte ? Justifiez votre réponse.

10 Vers quel genre littéraire le récit semble-t-il s'orienter (p. 51) ? Repérez tous les ingrédients de ce genre.

11 Relevez les éléments qui expliquent pourquoi le narrateur a choisi cet endroit. Que l'auteur cherche-t-il à suggérer (l. 219-227) ?

12 Comment l'auteur parvient-il à rendre la vitesse à laquelle s'enchaînent les actions (l. 256-261) ?

13 Où se trouve la chute ?

14 Quels sont les indices de la chute ? Repérez notamment des phrases clés et montrez que plus on approche de la fin et plus les indices se multiplient.

15 Relevez les différentes façons de désigner Georges dans le texte puis distinguez celles qui nous emmènent sur une fausse piste de celles qui sont de véritables indices.

16 Montrez que le narrateur veut jouer avec les différents sens du mot « chute ».

17 À quelle expression le titre peut-il faire penser après la lecture ?

Écrire

18 Inventez une histoire dont la morale sera : « on commence par vous regarder, puis on vous examine et on finit par vous juger » (l. 70-71).

Votre récit devra utiliser quelques retours en arrière.

19 Inventez une scène de rencontre amoureuse après avoir traité la question 27.

20 Rédigez un paragraphe de commentaire afin d'expliquer le talent de l'auteur pour nous emmener sur une fausse piste et nous empêcher de nous poser les bonnes questions.

21 Inventez d'autres maximes au présent de vérité générale (reportez-vous à la question 6).

22 À partir de la ligne 256, inventez une autre fin à cette histoire.

23 Rédigez l'article de journal rendant compte du fait divers (l. 277-279).

24 La chute repose notamment sur le double sens du mot « voiture ».

Écrivez une histoire courte reposant sur le principe d'un mot à double sens.

Chercher

25 Au théâtre, comment appelle-t-on l'erreur qui consiste à prendre un personnage pour un autre ? Expliquez l'étymologie de ce mot. Cherchez des scènes, notamment chez Molière, qui utilisent ce procédé.

26 Cherchez une reproduction du tableau de Manet (l. 98) ainsi que de certains vitraux de Chagall (l. 123-124).

27 Cherchez, dans *Leurs yeux se rencontrèrent* de J. Rousset, les éléments attendus dans une scène de rencontre amoureuse.

À SAVOIR

LA CHRONOLOGIE DU RÉCIT

Si les événements sont racontés dans l'ordre même où ils se sont déroulés, on dit que la narration est chronologique mais il arrive souvent que le récit, afin de créer divers effets (notamment le suspens), ne respecte pas cet ordre. Deux effets chronologiques sont possibles :

– **L'anticipation** (ou prolepse) : le narrateur laisse entrevoir des événements à venir. Cela lui permet de créer un effet d'attente s'ils ne les dévoilent pas entièrement. Lorsque l'anticipation est annoncée par des indices temporels, ceux-ci sont évidemment tournés vers le futur et accompagnés des temps qui permettent d'exprimer la postériorité.

– **Le retour en arrière** (ou analepse) : le narrateur revient sur des événements passés soit pour en donner un nouvel éclairage, soit pour combler une ellipse. Les indices temporels, dans ce cas, sont tournés vers le passé et accompagnés de temps exprimant l'antériorité. À noter qu'au cinéma, on appelle cela un *flash-back*.

POUR COMPRENDRE

Lire

1 Repérez les différents indices qui permettent au lecteur de comprendre progressivement à quel événement Angèle vient d'assister. Quand l'information est-elle clairement formulée ?

2 Repérez un retour en arrière dans le premier paragraphe. Quelle est son utilité ?

3 Relevez les marques de complicité et d'attention entre Angèle et Baptiste.

4 À quel sous-genre littéraire rattacheriez-vous ce texte (merveilleux, fantastique, policier, réaliste) ? Pourquoi (l. 1-89) ?

5 De quelle façon les paroles de Cécile sont-elles rapportées (l. 49-51) ? Quel est l'intérêt de ce choix (voir l'encadré « À savoir », p. 72) ?

6 Que suggèrent ici les guillemets (l. 70) ?

7 « Angèle savait » (l. 71) : que savait-elle ? Quelle information de Cécile lui met la puce à l'oreille ?

8 Comparez les éléments des portraits de Baptiste, d'Edmond Richard et du fils de Germaine Richard. Quelle hypothèse pouvez-vous formuler ? Quelle phrase du premier paragraphe de la page 62 cela vous permet-il d'expliquer ?

9 Comment comprenez-vous la fin du texte (l. 95-99) ?

10 Relevez les différents indices de temps. Lesquels fallait-il confronter pour avoir une chance de deviner la chute ? Expliquez.

11 Faites la liste des personnages et précisez quels rapports ils entretiennent entre eux.

À SAVOIR

LA PRÉSENTATION DU DIALOGUE THÉÂTRAL

La présentation du dialogue théâtral obéit à des règles particulières. Il faut d'abord préciser le numéro de la scène (rappel : l'entrée ou la sortie d'un personnage commande, dans le théâtre français, les changements de scène) et le nom des personnages présents.

Chaque prise de parole est précédée du nom du personnage qui s'exprime et est parfois accompagnée d'un tiret (attention : au théâtre, on ne doit pas utiliser de verbes introducteurs).

Tout ce qui n'est pas parole est indication scénique (didascalie). Elles doivent être présentées en italique et entre parenthèses. (Dans une copie, les parenthèses suffiront.)

12 À quel sous-genre rattacheriez-vous ce texte après avoir lu la chute ?

13 « C'était normal. » (l. 46) : expliquez cette phrase ainsi que les lignes 80 à 83.

Écrire

14 Rédigez, dans l'ordre chronologique, la même histoire, en la présentant comme un récit policier et en explicitant les éléments que Mérigeau a volontairement laissé implicites.

15 Rédigez un paragraphe de commentaire pour expliquer que, dans son texte, Pascal Mérigeau ne dit pas tout pour que le lecteur soit actif dans la construction du sens du texte. N'oubliez pas de citer le texte (voir l'encadré « À savoir »).

16 Écrivez les paroles de Cécile, auxquelles Angèle répondra à peine

(l. 50-51). Vous présenterez ce dialogue comme s'il s'agissait d'une scène de théâtre. N'oubliez pas d'inventer des didascalies (voir l'encadré « À savoir »).

17 Angèle est accusée d'avoir tué son mari. Rédigez le plaidoyer puis le réquisitoire dont elle sera l'objet au tribunal (reportez-vous à la question 18).

Chercher

18 Cherchez le sens des mots suivants : « plaidoyer » et « réquisitoire ». Dans quel contexte sont-ils surtout utilisés ?

19 Lisez les nouvelles suivantes de Maupassant et analysez leur chute : *Le Crime au père Boniface, Le Gueux, La Parure.*

20 Lisez *Le Coup de gigot* de Roald Dahl et comparez ce texte avec *Quand Angèle fut seule...*

À SAVOIR

LA RÉDACTION D'UN PARAGRAPHE DE COMMENTAIRE

Commenter un texte revient à rendre compte de son fonctionnement. Il ne s'agit pas de répéter autrement ce que l'auteur exprime (ce serait de la paraphrase) mais d'expliquer comment il le fait. Il faut donc veiller à toujours lier le fond (le sens du texte) et la forme (les procédés utilisés par l'auteur comme les figures de style, les accumulations, les répétitions...). De plus, chaque remarque doit être étayée par une citation précise du texte qui doit être introduite par une phrase et ensuite analysée.

SYNTHÈSE

POUR COMPRENDRE

Lire

1 Recopiez le tableau suivant et remplissez-le

	Statut du narrateur	Type de narration	Point(s) de vue adopté(s)	Registres utilisés	Sous-genre(s) du texte	Chute
A. Gavalda						
D. Buzzati						
J. Cortázar						
C. Bourgeyx						
F. Kassak						
P. Mérigeau						

À SAVOIR

LA NOUVELLE

La nouvelle remplace, à la fin du Moyen Âge, le fabliau et le dit. Elle nous vient d'Italie avec *Le Décaméron* de Boccace (1350) et voit le jour en France avec l'*Heptaméron* de Marguerite de Navarre (1540). C'est un genre assez difficile à définir mais on peut retenir cependant quelques critères :

– C'est un récit bref par rapport au roman et, d'après Gide, la nouvelle est faite pour être lue en une seule fois.

– La nouvelle a un sujet restreint : il s'agit de narrer un instant clé qui ne nécessite pas un long développement. Comme le dit Bourget : « La matière de la nouvelle est un épisode, celle du roman une suite d'« épisodes. »

– Le récit doit être rapide et resserré. Autrement dit, dans une nouvelle, l'entrée en matière est immédiate et seul le temps fort est développé. Il ne saurait donc y avoir ni longueurs ni digressions.

– Elle comporte généralement peu de personnages et peut se terminer par une pointe ou chute sans que cela revête un caractère obligatoire.

Il faut également savoir, même si ce n'est le cas pour aucune des nouvelles du recueil, que la nouvelle a souvent adopté les marques formelles du récit enchâssé (voir *Les Lettres de mon moulin* d'Alphonse Daudet par exemple).

Écrire

2 Rédigez l'analyse du tableau.

3 Soit la chute suivante : « Or, tout ce qu'il vit, fut un mur ! L'infirmière lui confia que l'homme était aveugle et ne pouvait même pas voir le mur. » En respectant les indices présents dans ces phrases, rédigez le début de cette histoire en prenant soin d'emmener le lecteur sur une fausse piste tout en lui proposant également quelques indices de la fin.

4 Inventez une nouvelle à chute qui emmène le lecteur sur une fausse piste (importance du choix du vocabulaire) tout en lui laissant une petite chance de deviner la fin de votre histoire grâce aux quelques indices que vous aurez savamment disséminés dans votre récit.

5 Imaginez un dialogue argumentatif entre deux élèves qui discutent des nouvelles de ce recueil pour dire laquelle ils ont préférée et pourquoi.

6 Pensez-vous comme André Gide qu'on ne fait pas de la littérature avec de bons sentiments ? Vous appuierez votre jugement et vos réflexions sur les nouvelles que vous venez de lire.

Chercher

7 Complétez votre connaissance des nouvelles à chute en vous constituant votre propre bibliographie.

POUR COMPRENDRE

À SAVOIR

LES TYPES DE NARRATION

La narration peut utiliser trois traitements temporels différents :
– La narration postérieure raconte après coup les événements et permet au narrateur de prendre un certain recul par rapport à ce qu'il raconte. C'est le cas notamment des autobiographies qui sont bien souvent écrites en pleine maturité.
– La narration antérieure parle des événements avant qu'ils aient eu lieu. C'est le cas des prédictions de Nostradamus par exemple.
– La narration simultanée qui consiste à raconter les événements au fur et à mesure qu'ils se produisent. L'auteur a moins de recul mais, en contrepartie, son texte touche au plus près de la vérité de l'instant. C'est notamment le cas des journaux intimes.

LES POÈMES À CHUTE

Comme les nouvelles, les poèmes peuvent avoir des fins surprenantes qui nous invitent à relire tout le texte d'un nouvel œil. Le quatorzième vers d'un sonnet, par exemple, s'appelle même « la chute » ou la « pointe » et est censé créer un effet de surprise. Les poèmes suivants, sans être tous des sonnets, ménagent tous un effet de surprise dans le ou les derniers vers du poème.

Victor Hugo (1802-1885)
Les Contemplations

Ce poème, extrait du recueil *Les Contemplations* (livre IV, XIV), fut terminé par Hugo le 3 septembre 1847, c'est-à-dire presque à la date anniversaire de la mort de sa fille Léopoldine. Celle-ci s'était noyée le 4 septembre 1843, au cours d'une promenade en bateau à voile sur la Seine, près de Villequier en Normandie.

> Demain, dès l'aube, à l'heure où blanchit la campagne,
> Je partirai. Vois-tu, je sais que tu m'attends.
> J'irai par la forêt, j'irai par la montagne.
> Je ne puis demeurer loin de toi plus longtemps.
>
> Je marcherai les yeux fixés sur mes pensées,
> Sans rien voir au dehors, sans entendre aucun bruit,
> Seul, inconnu, le dos courbé, les mains croisées,
> Triste, et le jour sera pour moi comme la nuit.

Je ne regarderai ni l'or du soir qui tombe,
Ni les voiles au loin descendant vers Harfleur,
Et, quand j'arriverai, je mettrai sur ta tombe
Un bouquet de houx vert et de bruyère en fleur.

Arthur Rimbaud (1854-1891)

« Le Dormeur du val » (octobre 1870)

Ce poème fait partie des premiers poèmes de Rimbaud. Il l'a
écrit en pleine guerre franco-prussienne.

C'est un trou de verdure où chante une rivière
Accrochant follement aux herbes des haillons
D'argent ; où le soleil, de la montagne fière,
Luit : c'est un petit val qui mousse de rayons.

Un soldat jeune, bouche ouverte, tête nue,
Et la nuque baignant dans le frais cresson bleu,
Dort ; il est étendu dans l'herbe, sous la nue,
Pâle dans son lit vert où la lumière pleut.

Le pieds dans les glaïeuls, il dort. Souriant comme
Sourirait un enfant malade, il fait un somme :
Nature, berce-le chaudement : il a froid.

Les parfums ne font pas frissonner sa narine ;
Il dort dans le soleil, la main sur sa poitrine
Tranquille. Il a deux trous rouges au côté droit.

Alfred de Musset (1810-1857)
« La Nuit de décembre »

Dans ce poème, qui est l'une des quatre *Nuits* écrites par Musset, un poète dialogue avec une vision qu'il interroge sur son identité. La réponse à cette question ne sera donnée qu'au tout dernier vers.

LE POÈTE

> Du temps que j'étais écolier,
> Je restais un soir à veiller
> Dans notre salle solitaire.
> Devant ma table vint s'asseoir
> Un pauvre enfant vêtu de noir,
> Qui me ressemblait comme un frère.
>
> Son visage était triste et beau :
> À la lueur de mon flambeau,
> Dans mon livre ouvert il vint lire.
> Il pencha son front sur sa main,
> Et resta jusqu'au lendemain,
> Pensif, avec un doux sourire.
>
> Comme j'allais avoir quinze ans
> Je marchais un jour, à pas lents,
> Dans un bois, sur une bruyère.
> Au pied d'un arbre vint s'asseoir
> Un jeune homme vêtu de noir,
> Qui me ressemblait comme un frère.

Je lui demandai mon chemin ;
Il tenait un luth d'une main,
De l'autre un bouquet d'églantine.
Il me fit un salut d'ami,
Et, se détournant à demi,
Me montra du doigt la colline.

À l'âge où l'on croit à l'amour,
J'étais seul dans ma chambre un jour,
Pleurant ma première misère.
Au coin de mon feu vint s'asseoir
Un étranger vêtu de noir,
Qui me ressemblait comme un frère.

Il était morne et soucieux ;
D'une main il montrait les cieux,
Et de l'autre il tenait un glaive.
De ma peine il semblait souffrir,
Mais il ne poussa qu'un soupir,
Et s'évanouit comme un rêve.

À l'âge où l'on est libertin,
Pour boire un toast en un festin,
Un jour je soulevai mon verre.
En face de moi vint s'asseoir
Un convive vêtu de noir,
Qui me ressemblait comme un frère.

Il secouait sous son manteau
Un haillon de pourpre en lambeau,
Sur sa tête un myrte stérile.

Son bras maigre cherchait le mien,
Et mon verre, en touchant le sien,
Se brisa dans ma main débile.

Un an après, il était nuit ;
J'étais à genoux près du lit
Où venait de mourir mon père.
Au chevet du lit vint s'asseoir
Un orphelin vêtu de noir,
Qui me ressemblait comme un frère.

Ses yeux étaient noyés de pleurs ;
Comme les anges de douleurs,
Il était couronné d'épine ;
Son luth à terre était gisant,
Sa pourpre de couleur de sang,
Et son glaive dans sa poitrine.

Je m'en suis si bien souvenu,
Que je l'ai toujours reconnu
À tous les instants de ma vie.
C'est une étrange vision,
Et cependant, ange ou démon,
J'ai vu partout cette ombre amie.

Lorsque plus tard, las de souffrir,
Pour renaître ou pour en finir,
J'ai voulu m'exiler de France ;
Lorsqu'impatient de marcher,
J'ai voulu partir, et chercher
Les vestiges d'une espérance ;

À Pise, au pied de l'Apennin ;
À Cologne, en face du Rhin ;
À Nice, au penchant des vallées ;
À Florence, au fond des palais ;
À Brigues, dans les vieux chalets ;
Au sein des Alpes désolées ;

À Gênes, sous les citronniers ;
À Vevey, sous les verts pommiers ;
Au Havre, devant l'Atlantique ;
À Venise, à l'affreux Lido,
Où vient sur l'herbe d'un tombeau
Mourir la pâle Adriatique ;

Partout où, sous ces vastes cieux,
J'ai lassé mon cœur et mes yeux,
Saignant d'une éternelle plaie ;
Partout où le boiteux Ennui,
Traînant ma fatigue après lui,
M'a promené sur une claie ;

Partout où, sans cesse altéré
De la soif d'un monde ignoré,
J'ai suivi l'ombre de mes songes ;
Partout où, sans avoir vécu,
J'ai revu ce que j'avais vu,
La face humaine et ses mensonges ;

Partout où, le long des chemins,
J'ai posé mon front dans mes mains,
Et sangloté comme une femme ;

Partout où j'ai, comme un mouton,
Qui laisse sa laine au buisson,
Senti se dénuer mon âme ;

Partout où j'ai voulu dormir,
Partout où j'ai voulu mourir,
Partout où j'ai touché la terre,
Sur ma route est venu s'asseoir
Un malheureux vêtu de noir,
Qui me ressemblait comme un frère.

Qui donc es-tu, toi que dans cette vie
    Je vois toujours sur mon chemin ?
Je ne puis croire, à ta mélancolie,
    Que tu sois mon mauvais Destin.
Ton doux sourire a trop de patience,
    Tes larmes ont trop de pitié.
En te voyant, j'aime la Providence.
Ta douleur même est sœur de ma souffrance ;
    Elle ressemble à l'Amitié.

Qui donc es-tu ? – Tu n'es pas mon bon ange,
    Jamais tu ne viens m'avertir.
Tu vois mes maux (c'est une chose étrange !)
    Et tu me regardes souffrir.
Depuis vingt ans tu marches dans ma voie,
    Et je ne saurais t'appeler.
Qui donc es-tu, si c'est Dieu qui t'envoie ?
Tu me souris sans partager ma joie,
    Tu me plains sans me consoler !

Ce soir encor je t'ai vu m'apparaître.
    C'était par une triste nuit.
L'aile des vents battait à ma fenêtre ;
    J'étais seul, courbé sur mon lit.
J'y regardais une place chérie,
    Tiède encor d'un baiser brûlant ;
Et je songeais comme la femme oublie,
Et je sentais un lambeau de ma vie
    Qui se déchirait lentement.

Je rassemblais des lettres de la veille,
    Des cheveux, des débris d'amour.
Tout ce passé me criait à l'oreille
    Ses éternels serments d'un jour.
Je contemplais ces reliques sacrées,
    Qui me faisaient trembler la main :

Larmes du cœur par le cœur dévorées,
Et que les yeux qui les avaient pleurées
    Ne reconnaîtront plus demain !

J'enveloppais dans un morceau de bure
    Ces ruines des jours heureux.
Je me disais qu'ici-bas ce qui dure,
    C'est une mèche de cheveux.
Comme un plongeur dans une mer profonde,
    Je me perdais dans tant d'oubli.
De tous côtés j'y retournais la sonde,
Et je pleurais, seul, loin des yeux du monde,
    Mon pauvre amour enseveli.

J'allais poser le sceau de cire noire
    Sur ce fragile et cher trésor.
J'allais le rendre, et, n'y pouvant pas croire,
    En pleurant j'en doutais encor.
Ah ! faible femme, orgueilleuse insensée,
    Malgré toi, tu t'en souviendras !
Pourquoi, grand Dieu ! mentir à sa pensée ?
Pourquoi ces pleurs, cette gorge oppressée,
    Ces sanglots, si tu n'aimais pas ?

Oui, tu languis, tu souffres, et tu pleures ;
    Mais ta chimère est entre nous.
Eh bien ! adieu ! Vous compterez les heures
    Qui me sépareront de vous.
Partez, partez, et dans ce cœur de glace
    Emportez l'orgueil satisfait.
Je sens encor le mien jeune et vivace,
Et bien des maux pourront y trouver place
    Sur le mal que vous m'avez fait.

Partez, partez ! la Nature immortelle
    N'a pas tout voulu vous donner.
Ah ! pauvre enfant, qui voulez être belle,
    Et ne savez pas pardonner !
Allez, allez, suivez la destinée ;
    Qui vous perd n'a pas tout perdu.
Jetez au vent notre amour consumée ; –
Éternel Dieu ! toi que j'ai tant aimée,
    Si tu pars, pourquoi m'aimes-tu ?

Mais tout à coup j'ai vu dans la nuit sombre
    Une forme glisser sans bruit.
Sur mon rideau j'ai vu passer une ombre ;
    Elle vient s'asseoir sur mon lit.
Qui donc es-tu, morne et pâle visage,
    Sombre portrait vêtu de noir ?
Que me veux-tu, triste oiseau de passage ?
Est-ce un vain rêve ? est-ce ma propre image
    Que j'aperçois dans ce miroir ?

Qui donc es-tu, spectre de ma jeunesse,
    Pèlerin que rien n'a lassé ?
Dis-moi pourquoi je te trouve sans cesse
    Assis dans l'ombre où j'ai passé.
Qui donc es-tu, visiteur solitaire,
    Hôte assidu de mes douleurs ?
Qu'as-tu donc fait pour me suivre sur terre ?
Qui donc es-tu, qui donc es-tu, mon frère,
    Qui n'apparais qu'au jour des pleurs ?

LA VISION

    – Ami, notre père est le tien.
    Je ne suis ni l'ange gardien,
    Ni le mauvais destin des hommes.
    Ceux que j'aime, je ne sais pas
    De quel côté s'en vont leurs pas
    Sur ce peu de fange où nous sommes.

Les poèmes à chute

Je ne suis ni dieu ni démon,
Et tu m'as nommé par mon nom
Quand tu m'as appelé ton frère ;
Où tu vas, j'y serai toujours,
Jusques au dernier de tes jours,
Où j'irai m'asseoir sur ta pierre.

Le ciel m'a confié ton cœur.
Quand tu seras dans la douleur,
Viens à moi sans inquiétude.
Je te suivrai sur le chemin ;
Mais je ne puis toucher ta main,
Ami, je suis la Solitude.

Pour la collection « Classiques & Contemporains », Anna Gavalda a accepté de répondre aux questions de Nathalie Lebailly, professeur de Lettres et auteur du présent appareil pédagogique.

Nathalie Lebailly : Quels sont pour vous les moments privilégiés pour écrire ? Quel support préférez-vous ?

Anna Gavalda : Quand mes enfants étaient encore tout petits et quand je travaillais, j'écrivais la nuit ou à l'heure des siestes. De ce fait, je n'ai jamais eu la possibilité « matérielle » de connaître les affres de la page blanche. Je ne pouvais pas me permettre de jouer les coquettes. Je savais que j'avais un peu de temps donc je m'asseyais et racontais les histoires qui me couraient dans la tête le reste de la journée. Aujourd'hui, j'ai plus de temps et je travaille le matin quand ils sont à l'école. La différence est incomparable. Je travaille beaucoup mieux le matin. Le cerveau est plus « frais », l'esprit reposé, les mots viennent plus facilement. Le soir, je me relis et la fatigue me rend bien exigeante, hélas... Je coupe, je rature, je « dégraisse » ce que j'ai écrit le matin.

Je préfère l'ordinateur, je serais incapable d'écrire de la fiction « à main nue », il me semble qu'il me manquerait un certain recul. Voir mes phrases dactylographiées me permet de les juger plus cliniquement. C'est comme si n'importe qui pouvait les avoir écrites et je suis sûrement plus dure, moins complaisante... Je garde l'écriture pour les lettres. Malgré Internet et les textos, j'écris encore beaucoup de lettres. Je réponds à mes lecteurs et j'ai établi une certaine complicité épistolaire avec beaucoup d'entre eux...

N. L. : Quels sont vos auteurs, vos livres préférés ?

A. G. : Pff... Question piège ! Je suis comme une éponge, je lis tout ce qui me tombe sous la main, depuis les journaux gratuits dans ma boîte aux lettres jusqu'aux plus grands classiques (ceux que je refusais de lire en classe et que je trouvais « chiants »... je le dis honnêtement...). J'adore John Steinbeck, Jean Giono, Romain Gary, Maupassant, La Fontaine, les grands romanciers russes du XIXe siècle, Shakespeare, le Japonais Haruki Murakami, l'Anglais Nick Hornby, j'adore les nouvelles de Marcel Aymé, les romans de l'Américain Jim Harrisson (*Dalva*, une merveille !), du Finlandais Arto Paasilina, d'Emmanuel Carrère, de Marie Desplechin, de Colette, de Calet (Henri Calet est un auteur méconnu et inoubliable). Aujourd'hui, je lis avec plus de curiosité et de passion les journaux des écrivains ou leur correspondance. Je suis aussi très intéressée par les écrits des peintres... Tout ce qui touche à la création artistique et à ses affres (et à ses grands bonheurs aussi !) me passionne. Je suis comme un cuisinier qui voudrait goûter tous les plats de ses collègues. Pas pour les copier, juste pour comprendre comment ils s'y prennent et les admirer plus encore...

N. L. : À quel âge avez-vous commencé à écrire ? Qu'est-ce qui vous en a donné l'envie ?

A. G. : Depuis toute petite, j'écrivais facilement, des

rédactions, des sketches pour les fêtes de famille, des poèmes idiots, des menus… n'importe quoi… La fiction et l'écriture ne m'ont jamais posé de problème. Écrire, c'était fastoche, monter à la corde à nœuds, ça c'était dur… L'envie a toujours été là, le problème c'est que je n'osais pas (me) l'avouer, « devenir écrivain » c'était si prétentieux comme orientation scolaire… Je manquais de confiance en moi et j'en manque toujours d'ailleurs. Le succès ne change rien… Au contraire, à chaque livre, j'ai l'impression de repartir de zéro et d'écrire pour la première fois de ma vie.

N. L. : Comment vous est venue l'idée d'*Happy Meal* ? Lorsque vous avez pensé cette nouvelle, avez-vous auparavant établi un plan ou l'histoire est-elle née au gré de votre plume ?

A. G. : C'est en regardant ma petite fille que j'ai eu envie d'écrire cette nouvelle. J'étais fascinée par la naissance de sa féminité, par sa coquetterie, par sa grâce… Comme si la séduction était déjà là, avant même qu'elle ne sache parler ou attraper une brosse à cheveux… Je suis toujours très émue par les enfants et je pourrais écrire des romans entiers sur eux ! Ils m'émeuvent et me font rire. Ils sont beaucoup plus malins que les adultes… Je n'ai pas conçu de plan. Je n'en conçois jamais. Je ne savais pas en faire quand j'étais élève et cela n'a pas changé… Je préfère me laisser surprendre par les personnages. Un auteur (lequel, je ne sais plus) a écrit : « J'écris pour savoir ce qu'il y a dans mes livres. » Cette petite phrase n'est pas seulement une pirouette, elle me paraît très sensée.

N. L. : Vous faites dire au personnage du père : « J'ai déjà du mal avec l'humanité, je ne devrais pas venir dans ce genre d'endroit. » Avez-vous du mal avec l'humanité Anna Gavalda ?

A. G. : Oui. C'est la raison pour laquelle je n'ai pas la télévision et que je me tiens très loin de l'actualité. L'autre jour, je lisais un article sur les Norvégiens qui étaient bouleversés parce que leurs soldats envoyés au Kosovo (pacifistes et seulement censés protéger la population) s'étaient amusés à tuer des chiens pour le plaisir. Des chiens dans des cours de ferme au bout de leurs laisses et devant le regard des enfants... C'est juste une anecdote mais bon...

N. L. : Quelles nouvelles dont les chutes sont particulièrement surprenantes ont marqué votre esprit de lectrice ?

A. G. : *La parure* de Maupassant m'a longtemps hantée... Cette femme qui se tue au travail toute sa vie pour rembourser le prix d'un collier qu'on lui a prêté et qu'elle a perdu au bal et qui réalise que... chut, je n'en dis pas plus... Toutes les chutes de Maupassant sont géniales. Elles n'ont pas le côté saisissant des nouvelles de Buzzati mais elles vous secouent de la tête aux pieds et vous laissent K.O. debout.

N. L. : Que ressentez-vous quand vous avez achevé votre nouvelle ?

A. G. : Triste de quitter les personnages auxquels je m'étais attachée comme à de véritables amis et heureuse de retourner à la vraie vie... Mais quand une nouvelle est achevée, il reste encore beaucoup de travail : la corriger. Et comme je ne suis jamais satisfaite, c'est un peu comme si elle n'était jamais finie !

N. L. : Quelles sont pour vous les fonctions de l'écriture ?

A. G. : Quand je n'écris pas, je ne suis pas très heureuse et quand j'écris, je suis très heureuse... Ces deux mots, ce petit adverbe de négation, font toute la différence... Et puis l'écriture est aujourd'hui ma seule source de revenus, j'ai donc un rapport assez « sain » avec mon clavier : « Bonjour mon coco, allez ! au boulot ! Parce que j'ai deux gosses à nourrir, moi ! ».

N. L. : Vous a-t-on déjà proposé d'adapter à l'écran une de vos nouvelles ? Est-ce une aventure qui vous tente ?

A. G. : Oui. Je sais que certaines nouvelles ont été « achetées » mais cela ne m'intéresse pas du tout d'y mettre mon grain de sel. Quand on écrit : « Trente mille hommes se réunirent sur la grande place », c'est du gâteau mais faites donc la même chose au cinéma... Bonjour les complications... Surtout si l'on précise « Trente mille culs-de-jatte hilares en redingotes rouges se réunirent sur la grande place » ! Non, l'écriture est beaucoup plus reposante...

N. L. : Êtes-vous d'accord avec cette citation de Roland Barthes : « On écrit pour être aimé, on est lu sans pouvoir l'être. C'est sans doute cette distance qui constitue l'écrivain. » ?

A. G. : Je ne sais pas. C'est beau mais ça ne veut pas dire grand-chose, non ? J'ai du mal avec les citations et les idées un peu «cérébrales» pour définir un écrivain ou n'importe quoi d'autre... Heureusement, la réalité (en ce qui me concerne) est beaucoup plus «naïve». J'écris parce que j'aime ça et que j'ai la chance inouïe de pouvoir en vivre. Le jour où je n'aurai plus de lecteurs, je ferai autre chose...(et je serai inconsolable... bouhouhouhou...).

N. L. : Quel serait pour vous le lecteur idéal ?

A. G. : Ma sœur est mon lecteur idéal. Elle est toujours la première à lire mes manuscrits (mon recueil de nouvelles lui était dédié) et si elle est émue alors je suis contente, j'ai l'impression d'avoir bien travaillé. Elle est intelligente, drôle et tolérante. Elle a de l'humour et elle est généreuse. C'est un honneur pour moi quand mes textes trouvent grâce à ses yeux...

N. L. : Quel est le plus beau compliment que l'on pourrait vous faire sur votre écriture ?

A. G. : À la suite du livre que j'ai écrit pour les adolescents, *35 kilos d'espoir*, j'ai reçu une photo représentant une touffe de cheveux dépassant de mon livre avec un corps roulé en boule en dessous. Un petit mot disait : «Voici ma fille en train de vous dévorer, cette photo se passe de commentaires, je crois... ». J'ai été très touchée. J'aime aussi quand les gens me reprochent de mettre le bazar dans leur vie bien réglée. À cause de vous, disent-ils, j'ai raté mon arrêt de bus, je n'ai pas dormi de la nuit, j'ai oublié l'heure du repas ou j'ai laissé de côté mon travail alors que je suis débordé... Pour moi, ce genre de «griefs» valent tous les prix Goncourt et tous les fauteuils de l'Académie française !

N. L. : Comment défendriez-vous la lecture auprès d'adolescents réfractaires ?

A. G. : Je ne sais pas. J'ai l'impression que l'adolescence est un âge si mouvementé que l'on n'a pas le temps de lire de toute façon... Comme si l'on était déjà bien occupé à écrire les premières phrases de sa propre vie... (désolée, cela ne doit pas arranger vos affaires que je dise ceci !) On ne peut pas forcer quelqu'un à lire mais on peut montrer l'exemple : – Regarde, nous sommes tous les deux assis sur un banc à attendre le car. Toi tu t'ennuies alors tu bidouilles ton portable, ça n'a aucun intérêt et en plus tu manges ton forfait alors que moi je lis *Le Cavalier suédois* de Léo Perutz et je me régale... Tu veux que je te lise le début ? – Ouais. – « Ils s'étaient tenus cachés tout le jour et, à présent qu'il faisait nuit, ils traversaient une forêt de pins clairsemés. Les deux hommes, qui avaient de bonnes raison d'éviter les rencontres, devaient veiller à ne pas être vus. L'un était un vagabond, un maraudeur de foire réchappé du gibet, l'autre était un déserteur... » – Ben... pourquoi tu t'arrêtes ? Je ne défendrai rien, je continuerai ma lecture et finirai par lui offrir ce livre de poche avant de monter dans le car. Peu probable qu'il le lise tout de suite mais un jour peut-être ? Pour savoir qui sont ces deux « zozos » perdus dans la forêt... Un jour sûrement...

BIBLIOGRAPHIE
- **Romans et recueils de nouvelles**
- C. Bourgeyx, *Les Petits Outrages*, éd. Le Castor Astral.
- D. Buzzati, *Le K*, 1967.
- J. Cortázar, *Les Armes secrètes*, Folio.
- A. Gavalda, *Je voudrais que quelqu'un m'attende quelque part*, 1999.
- F. Kassak, *Romans humoristiques*, 2003 ; *Qui a peur d'Ed Garpo ?*, 1997.
- Maupassant, *Contes du jour et de la nuit*, 1977.

FILMOGRAPHIE
- **Films à chute**
- Alfred Hitchcock, *Le Grand Alibi*, 1950.
- Chris Marker, *La Jetée*, 1962 (court métrage).
- Terry Gilliam, *L'Armée des douze singes*, 1995 (version longue du précédent court métrage).
- George Roy Hill, *L'Arnaque*, 1973.
- Alan Parker, *Angel Heart*, 1987.
- M. Night Shyamalan, *Sixième sens*, 1999.
- François Ozon, *Huit femmes*, 2001.

CONSULTER INTERNET
- **Site sur A. Gavalda :**
- http ://perso.club-internet.fr/delpiano/Gavalda.htm
- **Site sur D. Buzzati :**
- http ://collegejmonnet.free.fr/biographies/Buzzati/La%20biographie.html
- **Site sur J. Cortázar :**
- http ://les4cats.free.fr/cvcortaz.htm
- **Site sur C. Bourgeyx :**
- http ://perso.wanadoo.fr/citrouille/NVL/bougeix.htm

Classiques & Contemporains

NOTES PERSONNELLES

NOTES PERSONNELLES

NOTES PERSONNELLES

Couverture
Conception graphique : Marie-Astrid Bailly-Maître
Adaptation et choix iconographique : Cécile Gallou
Illustration : Isabelle Chemin

Intérieur
Conception graphique : Marie-Astrid Bailly-Maître
Édition : Anne-Sophie Pawlas
Réalisation : Nord Compo, Villeneuve-d'Ascq

Remerciements de l'éditeur
À Anna Gavalda et aux éditions Le Dilettante qui ont joué le jeu de la collection « Classiques & Contemporains » avec amabilité.

Remerciements de Nathalie Lebailly
À Valérie Bernejo pour son aide précieuse.

Anna Gavalda, « Happy Meal », © Le Dilettante

Dino Buzzati, « Pauvre petit garçon ! » in *Le K*, © Éditions Robert Laffont

Julio Cortázar, « Continuité des parcs », trad. C. et R. Caillois in *Les Armes secrètes*, © Éditions Gallimard

Claude Bourgeyx, « Lucien », in *Les Petits Outrages*, © Le Castor Astral, 1984

Fred Kassak, « Iceberg », © Éditions du Masque

Pascal Mérigeau, « Quand Angèle fut seule... », © Pascal Mérigeau

© Éditions Magnard, 2004 pour la présentation, les notes, les questions, l'après-texte et l'interview exclusive d'Anna Gavalda.

www.magnard.fr

Achevé d'imprimer en novembre 2008 par Aubin Imprimeur
N° d'éditeur : 2008/359 - Dépôt légal juin 2004 - N° d'impression L 71502
Imprimé en France